도와주며 살자

삶과 예술
데이빗 장 이야기

머리말

하루가 시작 되는 영시

분주함들이 고요를 감추기전

삶의 끝자락에서

새로운 시작을 함께하는 이 순간

혼돈의 깨우침을 모아

갈등을 견디어 오면서

적어온 반성들을 펼쳐 보입니다.

2012년 5월 1일

데이빗 장

Contents

가

견디어 내는 마음   8
과거 현재 미래   11
가을 단풍   12
고고학적 자료의 예술성   14
깨우침이 아름다운 삶   17
가을의 끝자락에서   18
건축물이란   20
고즈넉한 차 한잔   24
값진 삶들은 개인의 자존심이다.   25

나

농부와 차밭   30

다

독도는 대한민국 영토 입니다.   34
둘째 딸 유나에게   38
대한민국 문화유산   40
독특한 차문화   44
대통령 경호의 포퓰리즘   48

라

랄랄라~~ 도와주고 삽시다.   54

마

미국 이민 이십년의 삶   58
명차의 선택   61
물의 세계   65
마음이 어지러울 때 차 한 잔   67
마음의 공간   72
마음   74

바

베어 마운틴의 봄   78
백년 꽃 대나무 식물   80
벗   83
배려   84

사

삶과 예술   88
선과 악   91
삶의 깨우침   92
삶의 은혜   94
삶의 방향   95
사계   98
수학의 정복   99
삶의 순응   102
삶의 시작   105
삶에 고향이 따로 없구나...   108
삶의 교육   110

삶의 허상   113
삶의 풍요   117
상생의 길   118
삶과 예술, 내 자신의 역할   121
생명력이 담겨 있는 예술품   126
시인의 길   129

아

울림의 미학   132
예술   136
일본의 차문화   137
5년만에 완성한 집   140
21세기 가족이야기   142
아름다움이란 균형에서   146
언어와 말   148
영혼이 아름다운 삶   151
우리들의 아버지   153
아미쉬 마을   154
우리들의 어머니   157

자

자식들을 위한 마음   160
자유인   162
자신의 존재   164

차

차 이야기   170
차의 정체성 찾기   173
차를 통하여 비워지는 삶   176
차인들의 느낌   180
차, 매력의 산물   183
차 한 잔의 여행   186
7월   187

카

코로나   192

타

타향살이   194

파

풍요로운 나의 정원   196

하

행복은 나의 것   200
행복의 시작   202
현명한 지혜   206
학문 탐구의 목적   207
한 잔의 물   210
한국의 막걸리 문화   211
행복과 불행은 함께 공존한다.   214
하나의 삶, 하나의 죽음   216
한해를 마무리 하면서   218

견디어 내는 마음

과거 현재 미래

가을 단풍

고고학적 자료의 예술성

깨우침이 아름다운 삶

가을의 끝자락에서

건축물이란

고즈넉한 차 한잔

값진 삶들은 개인의 자존심이다.

견디어 내는 마음

　날씨가 우리들의 일상적인 삶 마저도 굴곡 시키고 있다.
　청소년 뿐 아니라 부모들 세대까지도 온도의 높낮이에 따라 자연적인 환경에 적응하지 못하고, 에어컨, 난방 등 인위적인 삶에 구속 되어 버렸다.

　우리들은 넘쳐나는 가공 식품들에 입맛, 감각, 자극에 길들여져 우리들의 품성과 생각의 참된 생명력들이 상대적으로 멀어지고 있다.
　인공적인 삶으로부터 성급함과 탐욕으로 고착화 되어, 채워도 채워지지 않고 많은 것을 소유하고서도 공허하고 허기짐들이 끊임없이 연계되어 버린 것이다.

나의 경험을 통하여 보아도 하루 한 두 끼의 소식으로 길들여짐에 두 달이나 소요 되었다. 적은 양으로 자연 재배하여 계절음식을 먹는 것만으로도 일상적인 생활을 하는데 전혀 지장이 없었다.

최소한의 음식섭취에 많은 재화들이 필요하지 않음을 깨우쳤다. 도심의 한복판에 살면서 가전제품이나 컴퓨터없이 생활한 지가 수년이넘었는데도, 오히려 이러한 제품들을 접하여 일상의 단조로움들로 길들여져야 한다는 것에, 이제는 거부 할 수있는 절제가 더 즐거울 뿐이다. 편리함과 인공적인 일상의 삶에 의한 환경을 극복하여 균형을 잡지 못한다면, 삶들은 자신들의 의지와 인내를 견디어 내지 못하여 더욱 더 자연환경에 거부하게 길들여져 버릴것이다.

이러한 버팀의 부재에서 생성된 삶들의 정체성, 뿌리들은 참된 생명력을 잉태하지도 못하고 청소년이나 기성세대 할것없이 자연적 부적응의 삶들로 인하여 감정의 폭이 심해져 갈 뿐이다.

결국 감정의 폭은 이기심과 또 다른삶에서 부적응들로 노출되어 참다운 생명력으로 삶의 연계를 만들어 생성해 낼 수가 없는 것이다.

시대의 환경에서 자연적인 환경에 조화를 생성하려면 물질적인 시대적 삶에 너무 깊이 고착화 되어 버린 우리의 일상적인 삶으로부터 조금씩 벗어나야 한다.

 조금 더 덥고, 조금 더 춥고, 조금 덜 먹어, 에어컨과 히딩, 인공적인 일상과 물질력들의 족쇄를 벗어 던져버린다면 몸과 마음, 정신의 비만들이 제거되어 우린 시대적 부적응의 삶들로부터 현실적인 치유의 삶으로 연계되어질 것이다.

 또한 참 되고 밝은 조화의 생명력들이 살아 있는 우리들의 아름다운 미래를 생성하리라 염원해 본다.

반다크 作

리즐로 作

과거 현재 미래

지금 이 순간들이 나의 실체이다.

희망의 연계는
지금 실천하고 행동함으로써
드러나고 있을 뿐

물질욕들은
마음을 무겁게 하는 근원이었다.

삶 동안

결과의 과정에서
실체라는 것들은

그저
잠시 내 곁에 머물렀을 뿐이었다.

가을 단풍

　며칠 전 대나무 숲속에서 찻잎의 몽우리가 지더니, 낙엽들의 불꽃 향연이 속절없이 흘러가는 세월을 말해 주고 있다.

　나의 마음이라도 훔쳐본 듯 겨울을 재촉하는 비가, 이 곳 베어마운틴에서 구슬픈 장단 가락으로 들려오고 있다.

　우리의 짧은 인생살이도 어쩌면 사계절과 흡사 하겠다.
　어느덧 중년을 바라보는 나이들이 되었으니, 가을의 뒷자락에 매달려 있는 아름다운 단풍잎처럼 겨울이면 낙엽이 떨어지듯. 다들 겨울의 마지막을 맞이하게 될 것이다.

　형형색색 아름다운 비단 잎처럼 우리의 삶들도 모두가 고즈넉하게 아름답고 행복했으면 하는 바람이다.

항상 뒤안길을 돌아보면, 삶의 흡족하고 행복했던 날들 보다는, 그렇지않은 날들이 떠오른다.

타향살이를 한 나 자신은 아마도 이기적인 형태의 삶을 살지 않았나 되돌아보기도 한다.

평범한 한 남자로서 항상 위험에 노출되어 살아가는 내 자신의 삶은 이제껏 알지 못했던 내 자신의 환경적 욕심에 의한 갈망의 요인에 있었다.

후년이면 아직 젊은 나이에 정년퇴직을 해야 하지만 이제라도 다시는 어리석은 삶을 만들지 말아야겠다는 다짐과 함께, 남은 삶일랑 오늘도 가을 단풍잎에 길들어져 본다.

고고학적 자료의 예술성

한국은 1950년 6.25 이후로 고고학이나 문화재 재정비가 시작 되었다.

지금도 대한민국 전역이 발굴 현장으로 보아도 손색이 없을 만큼, 고고학적 고찰이 큰 장소도 없을 것이다.

고고학적 발굴의 기술들도 인간의 욕구에 의한 폭넓은 과학의 발달로 인하여 추측이 가능해졌으며, 이제는 DNA 실마리만 가지고도 세부적으로 결론에 도달하게 되었다.

동위원소의 활용으로 주변 환경의 미세 먼지까지 추적하여, 그 시대의 생활상을 파악 할 수가 있는데, 이는 우리들의 욕심들로 인하여 간혹 정신적 물질적 욕망들의 삶까지 발굴하고, 해석들을 하니 편협 된 결과를 불러 오기도 한다.

고고학의 접근은 영화처럼 환상적인 학문 탐구만은 아니다.

조그마한 단서와 과거의 유물들로 인하여 과거로 파고드는 영혼과의 대화를 만들어 내는 학문이라고 해도 과언은 아닐 것이다.

우리의 고고학 발굴 현장 환경은 아직도 열악하기가 그지없다.

반복되는 노동력에 퍼즐 게임을 하듯, 아직까지도 정확한 기록의 부재로 미해결 문제들로 남겨져 있는 것들이 많다.

일상생활의 단조로움에서 실증적인 단서들의 물음에 의하여 고고학적 접근을 만들어 내어야 하는 환경적 요인에서 아직은 고고학적 정체성 확보와 순수 학문적 접근들은 현대 사회의 발 빠른 삶으로 견주어 보자면 아직까지의 접근들은 미약 할 뿐이다.

조선중기 금불화

어쩌면 과거의 일상생활들의 증거물로써 재현하고 드러내야 하는 학문일지도 모른다.

 첨단기술이 아무리 발달해도 마음으로 행해지는 아름다움을 가지고 시대를 반영하는 자세에서 개인의 역량을 떠나 민족성으로서의 순수한 과거로의 접근을 만들어 정진해야 할 것이다. 인간 존엄성이 결여된 발굴이나 학문의 진보들은 결국엔 시대의 오점으로 남겨지기 때문이다.

 고고학적 자료의 연구는 우리의 삶에 어떠한 영향력을 미치고, 어떻게 미래 지향적인 삶으로의 전환점을 만들어가야 하는 지의 문제에서부터 추구되어야할 과거, 현재, 미래의 학문이다.

 과거를 바탕으로 현재의 삶에 가치 추구의 역량으로, 물질적인 삶의 범위를 벗어나 발전을 거듭하여 깨우침으로써, 인류애를 근본으로 성장 시켜야 할 학문의 근원인 것이다.

조선초기 선비 책상

깨우침이 아름다운 삶

영혼을 다듬어
밝히지 못한

아름다운 조화
정신과 몸

마음을 비워
가시기 전

맑은 소리
순간의 삶이었을 뿐

삶으로씨
밝은 빛에 사라지는 것

존재나 형상도
그것은 깨우침 이었네

가을의 끝자락에서

갑작스런 찬 서리에 곱던 단풍들이 고독을 즐기지도, 느껴 보지도 못하고 추위에 뒤엉켜버렸다.

해외에 거주하는 이민자들의 삶의 애환도 위로하지 못하고, 그저 삶들의 시퍼런 추위에 흔들려 떨어져 뒤엉켜 버렸으니, 겨울의 문턱을 부여잡고 생명을 연장하며 봄으로 승화 시켜야겠다.

올해엔 유난이도 세계적 경제의 쓰나미에 삶들이 녹록치 못하여, 평소 즐겨 마시던 차 마시는 자리도 멀어지게 되고, 홀로 고요를 풀어냈던 침묵만이 법석을 떨며 분주하다.

혼자라는 것은 인간관계의 집착과 더불어 물질적 풍요로부터 벗어나는 자유로움들이 시작 되어야 하건만 추운 겨울의 날씨는 나로 하여금 월동준비를 하게 만들고, 봄을 기다리는 나를 자꾸만 물질적인 중독의 삶에 복종하게 하고 있다.

  속박을 멀리하면 멀리할수록, 내 자신의 참 자유는 구속을 벗어버린다는 것이 그만 문명을 거부하게 길들여져 가고있다.
  지천명에 접어들어 땅과 하늘의 이치를 조금 깨우치나 싶더니, 겨울을 걱정하고 봄을 기다리는 관념의 허구에 속박되어 살아가는 자신의 삶에 속절없이 세월은 더해 갈 뿐이다.

  그동안 고요에서 고독의 지혜를 빌려쓰나 했더니, 삶들에 분주함들이 생성되어지고 분주함을 극복했나 싶더니, 시간들이 속절 없을 뿐이다.

  시간을 빌어 다시 밤을 지새운다지만 하루가 가는 것이고, 나의 삶도 가니 과거와 미래가 존재하고 있는 이 순간들을 깨달음을 위해서도 그저 허기지는 삶 뿐이다.

  가을. 나의 일상에 풍요로운 고독이 함께하는 삶을 생성하여 아름다운 균형을 잡길 바랄 뿐이다.

건축물이란

 밝은 미래를 위한 역사성과 삶의 시대적 환경, 문화적 삶들이 현재의 문제점들을 해결하고 삶에 의한 공간으로써 가치 창출들이 발생 되어져야 우리 미래의 건축물들은 일상에서 생명력이 있는 장소로써 희망을 연계 시키는 공간으로 탄생 되어 질 것이다.

 건축물이라는 것은 현대 시각에서 디자인과 경제에 미치는 영향력도 무시 되어선 안되지만, 주변 환경과의 조화로 생명력들이 결집되어지고 삶에 의한 효율성들이 존재 되어야 하는것이다.

 건축을 시행함에 잠재적 능력들도 중요 하지만, 현실 생활공간에서의 실용적이지 못한 삶의 공간을 배제하지 않는다면, 건축물에 생명력들은 없어지고 하나의 구조물을 탄생시키는 것일 뿐이다.

우리 일상에서의 실질적인 삶을 통한 생명력들이 살아 있는 건축물들은 주변 환경으로부터 자원효율의 극대화라는 조화를 만들어낸다. 또한 사회 구성원들의 자발적인 참여로 인하여 주인의식들이 살아나고 보존 및 관리 유지되어 질 때 우리들의 건축물들은 비로소 생명력이 존재되어 지속 유지 되는것이다.

주택이든 또 다른 건축물이든, 우선적으로 추구해야 할 상황들은 건축물에 품격이 들어나야 하며, 예술적 가치로써 사회구성원들에 대한 배려와 희망을 만들어 실용적이면서 미적 평온한 감각을 느껴야 할것이다.

건축물에 의한 조화들을 가장한 국적이면서도 전통 미학을 염두에 두되, 서구화 되어진 삶들의 관습으로 인한 시대적 형태들을 공학적인 공간 배치나 과학적이고 현대적인, 자연 채광과 배수문제, 온도의 효율성, 안정성, 희소성, 자원 효율의 극대화 등 생명력이 살아 숨 쉬는 공간의 균형을 만들어 내는 것이 매우 중요하다.

시작 단계에서부터 열정과 창의력들이 동원되어지고 어려움들로 인한 설계 변경, 이에 따른 조화의 균형들이 행여 깨지더라도 총체적인 어려움, 위험요소들, 불가능을 가능하게 하는 것이 생명력이 없는 구조물로부터 벗어 나게 할 수 있다.

 주변 환경에서 창의적인 건축물과 보존 가치성들은 미래의 역사성을 띄게 될것이며, 실생활에서의 현대적 감성을 부여한 생산적 삶의 근원인 생명력에 의한 아름다운 공간은 우리 사회를 행복하게 머물도록 도와줄 것이다.

JPK, 해커 作

고즈넉한 차 한 잔

삶의 번다함에
고요를 섞어

참숯 화롯불에
쇠철관으로

차 한 잔 우려내어
그저
목구멍 적셔 놓았더니만

고즈넉이
갈증을 비웠구려!

생명력의 아름다움으로
이제
차 한 잔 나누리라.

조선 막사발 작품

값진 삶들은 개인의 자존심이다.

생명력이 다하는 죽음 보다 '값진 삶' 들은 얼마든지 많다.

하나의 독립적인 인격체로써 자긍심을 유지하며 '어떠한 삶을 살아가느냐' 에 관한 질문을 스스로에게 해보자.

일상생활에서 자신의 참된 삶의 실체를 만들어가는 과정에서 고귀하고 값진 행위들을 만들어 가면서 살기도하고, 삶으로부터 파생 되어진 내면적, 외면적 자유로움 속에서 살기도한다. 이러한 연계적 삶에서 내면적 가치 추구의 자유로움은 복잡하고 번다한 일상생활들의 단면일 것이다.

죽음보다 값진 삶들을 만들기 위해서는 일상가운데 이러한 번잡한 삶들을 가벼운 마음으로 삶을 창조하여 만들어 내는 것에서부터 출발해야한다.

외면적 가치추구의 삶은 성인들의 고귀한 삶으로부터 자신 스스로 경험적 삶들을 근원으로 만들어 마음을 다잡아 목표를 지향한 삶과 조화를 만들

세계최초 황토화가 삼경, 박병준 작

어 내어 삶의 염원에서 정진의 생명력들이 지속적으로 추구 되어야한다.

매사에 긍정적이고 밝은 사고의 생각들은 내면을 성숙시켜 주는 것이며, 삶에 베풂과 겉으로 들어나는 실체에 대한 삶의 열정들은 삶 동안 내면과 조화를 불어 넣어 죽음의 두려움으로부터 삶을 가벼이 연계시킨다. 그리고 보다 더 참된 가치있는 미래 지향적인 행복의 길로 들어서는 것이다.

삶의 열정이 식어버린 삶의 순간들은 일상의 삶에서 부족함들이 생성되고, 그것으로 인해 결국 욕망으로 채워지길 원한다. 그러한 욕망은 우리를 삶의 지혜와 분별력들에서 멀어지게 하고 개인의 삶의 신념이나, 신의, 윤리를 파괴시켜 결국 고통과 좌절, 부정적인 삶들로 인하여 생명력의 퇴보를 불러 오는 것이다.

자신도 모르게 삶 동안 연계되어 버린 부정적인 사고들은 삶의 분쟁으로 전환 되어져 문명의 파괴나, 전쟁, 물질적 경제력으로 인한 삶들의 파괴를 불러오며, 인간의 심성을 더욱 타락하게 하여 삶에 구속되어 길들여져 삶을 지속시키게 한다. 그러다 결국 헛된 죽음을 맞이하게 되는 것이다.

우린 인간으로써 성인들의 경험과 성찰, 고귀한 죽음으로부터 삶들을 답습하여 독창적인 개인들의 참 가치추구의 삶들을 만들어가야 할 인류 문명 발전의 책임자들인 것이다.

이로 인한 삶들은 생명력이 사라지는 죽음의 마지막 단계에서 자신들의 삶과 자연스럽게 조화를 만들어 내어 가벼움으로 죽음을 맞이 할 수가 있으며, 삶의 과정에서 고귀한 삶으로부터 값진 죽음이 드러나는 것이다.

나

농부와 차밭

농부와 차밭

대나무 벗과 함께한 타향살이
고국의 향취와
이국의 풍요로움에 중독되어
사계절이 멍들린 무거웠던 삶

고독한 마음 지켜온 십수 년의 열정
고국냄새 차향의 기다림으로

사랑을 이젠 나누고파
세속의 부정도 갈등도 버리고
삶의 욕망까지도 비워

사랑 찾아 가벼운 향기로
그저
남은 생일랑 농부 되어 차밭 가꾸리라.

일본 미술대전 최우수작

독도는 대한민국 영토입니다

둘째 딸 유나에게

대한민국 문화유산

독특한 차문화

대통령 경호의 포플리즘

독도는 대한민국 영토입니다

　동해를 한국해로 분명하게 표기한 영국 왕실의 지리역사서를 재미동포가 입수해서 처음으로 공개하였다.

『뉴저지에서 KBS P특파원이 전해왔다.

　일본 외무성이 지난주부터 홈페이지에 싣고 있는 일본해 홍보 동영상 서비스입니다.
　한국어판까지 올려놨습니다.

　1798년 런던에서 발행한 라페르즈 세계항해기에 부속되어 있는 세계지도입니다.
　씨오브재팬이라는 글자를 볼 수 있습니다.

라페르즈 항해기는 19세기 이후 지도책에서 일본해 표기가 많아지는데 결정적 영향을 미쳤습니다.』

하지만 이보다 31년이나 앞선 1767년에 영국 왕실에서 제작된 지리역사서에는 동해를 한국해로 명기하고 있다.

조지 3세 왕의 명으로 두 권만 제작됐다는 이 책의 세계지도와 아시아지도에는 동해를 모두 '씨오브코리아로' 표기하고 있다.

재미동포가 미국인 컬렉터로부터 어렵사리 입수해 처음 공개되는 것이어서 동해 표기 논란과 관련해 큰 반향이 예상된다.

특히 이사료를 근거로 해서 뉴저지 한국전 기념공원에 기재된 지도의 일본해 표기도 한국해로 바꾸기로 뉴저지 주정부의 허락을 얻어냈다.

상생의 사고는 조화와 균형, 정의와 역사의 왜곡을 바로잡아 유지하는것에서부터 시작일 것이며, 자국민들의 안녕과 행복으로 연계 되어지는 것일 것이다.

 그 행복은 고스란히 민족성과 국민들의 정체성으로써 사회적 환경에 참다운 생산적인 에너지들이 생성되기 때문이다.

 정책이건 개인들의 삶의 목표에는 항상 성공과 실패라는 이분법 논리가 존재해 왔었다.
 그 이분법에 구속 되어 우리는 찬반의 논리로 무장 하여, 경제적 지식은 모순들을 생성하여 사회의 불합리함들이 생성 되어 지는 것이었다.

 찬반의 논리가 아닌 중심을 잡는것에서부터 출발되어야 상생 할 수가 있는 것이다.

 그것은 실패의 경험으로부터의 깨우침으로 아름다운 삶을 향한 과정을 습득하여 지식과 사회적 명분을 생성해야하며, 근본의 초석에서 출발되어야 실현 가능한 것들이다.

 생산적인 활동의 과정에서 생성 되어진 아름다움들은 겸손함과 사회적 배러들이 우러나와 또다시 생명력으로 참된 에너지를 생산하기 때문에 그러하다.

　이러한 균형 잡힌 유기적인 지식, 지혜, 과학, 가치관들이 융합되어 조화를 이루고, 자생력을 향하여 나아가야 할 것이다.

　현재 한국전쟁 기념비에 일본해는 한국해 The sae of Korea로 수정되었다.

1767년에 영국 왕실에서 제작

둘째 딸 유나에게

이제 미국도 꽤 추워지는구나.

그 동안의 힘든 상황 가운데에서도 나는 네가 잘 지내리라 믿고 있다.

음식을 통한 바이타민 섭취는 육체의 건강과 면역력 증대와 관련이 크단다.

특히 성장기에는 골고루 음식을 섭취해야지, 좋아하는 기호의 특정 음식만 섭취를 한다면 면역력이 떨어져 쉽게 피곤하고, 피로가 쌓여 올바른 삶을 만들어 갈 수가 없단다.

건강한 육체는 마음의 균형과 정신을 올바르게 하여 행복한 삶들이 지속될 수 있도록 해준단다.

물건이나 상품을 만진 후에나 밖에서 돌아오면, 제일 먼저 항상 손을 씻는 습관을 들이도록 하여라.

춥다고 집에만 있지 말고 하루에 한 두 번은 창문을 열어 공기를 환기 시키고 매일 꾸준히 30분 이상은 땀이 흐르도록 운동을 하여야 한단다.

  아울러 매일 독서하는 습관과 더불어 여자는 특히 항상 몸가짐을 항상 예의바르게 하여야 함을 잊지 말고, 이제부터는 유나만의 독창적인 자신의 인격을 만들어가는 사람으로 거듭 발전을 해야할 때가 온 것 같다.

  아빠는 항상 밝고 명랑한 유나가 공부는 뒤쳐져 있지만 자랑스럽단다.
  어렵고 자신보다 약한 사람들을 도와주는 것은 사람의 기본적인 도리이니 항상 마음에 담아두고 일상생활에 적용하기 바란다.

  아울러 졸업식에 참석을 못해 정말 미안하구나. 하지만 아빠의 그동안 직업적 상황을 고려한다면 쉬 이해하여 주리라 믿는다. "사랑한다".
  유나야 아빠도 많이 보고 싶구나. 현재 유나는 중학교 3학년이다.
  2020년 유나는 대학 2학년이다.

미국에서 사랑하는 아빠로부터

대한민국 문화유산

　세계인들이 생각하는 한국인들의 참 모습들은 무엇이며, 어떠한 사고의 인식이 깔려 있는지 가까운 지인들과 외국인 친구들에게 답을 구한적이 있다.

　이들에 의하면 한국적인 것에는 깊은 역사가 감추어져 있는 것 같으며, 지혜와 생활의 검소함, 인내 등이 있기도 하지만 타민족들을 이해하지 못하여 찾아오는 문화의 충돌들이 존재한다고 한다. 빠른 경제력의 성장에서 오는 것인지, 매너와 배려가 없는 것으로 비추어 진다는 공통적인 의견들이 있었다.

　또한 한국의 대표적인 기업인 현대자동차, 삼성, 엘지등 과, 한국의 아름다운 관광도시인 제주도, 한국의 수도인 서울, 분단의 북한정도 인식하고 있었다.

　결과적으로 국가의 인지도는 빠른 경제 성장에도 불구하고, 매우 낮은 수

준으로써 이해의 단절을 불러왔다.

　나는 한국의 문화유산 행사를 이곳에서 [미국] 15회 개최하여, 한국문화유산을 미국인들과 교포들에게 알리고, 한국문화유산에 대한 200페이지 가량의 영문책자를 발간하였다.

　1991년, 미국 유학시절 담당 교수님의 과제인 '고국에대한문화유산'을 제출하라고 했을 때 도서관과 기타 관련 서적을 찾았지만, 문화관광부에서 발급한 잡지 형식의 간행물외에 [일본, 중국, 심지어 북한마저도 방대한 자국들의 문화유산 소개의 책자에 혀를 내두른 적이 있었다.] 한국문화에 대한 어떠한 책도 발견하지 못했고, 그때 다짐을 한 까닭에 이러한 작업들이 시작되었다.

　전공과는 별개로 책자를 만들 수 있는 능력이 된다면, 한국을 외국인 시각에서 볼 수 있는 훌륭한 영문 책자를 만들겠노라고 한 번 다짐했으나, 운이 좋게도 무려 열다섯 차례나 책을 발간하게 되었다.

　행사기간에는 남녀노소를 떠나 모든 행사 요원들은 한복을 입고 행사에 참여 했으며, 오픈식과 폐막식 행사는 한국의 전통국악과, 전통무용, 전통음식,

전통한과, 차, 떡, 김치, 막걸리, 고미술품, 현대작가, 고려청자, 조선의 달 항아리, 청화백자, 분청, 반다지, 선비책상 토기에 이르기까지 가장 한국적인 민속학적 유물을 미국내에서 발굴하여 구입해 전시 품목에 접목을 시켜 우수한 한국적인 아름다움을 소개했었다.

관람객들의 환희와 열정적인 관심, 호응들은 한국인으로서 자긍심과 문화에 대한 사명감과 열정이 더해져 무려 15차례나 어떤 지원도 없이, 사비를 털어 행사를 하였던 것이었다.

독도이야기. 고구려벽화, 한국전통무용과 소리, 전통 차의 소개 및 수많은 이벤트들은 많은 분들의 참여와 환호로 이어졌다. 한국인으로서 한국인의 전통의 혼을 유지 발전 시켜야 한다는 것이 이국 생활속 나의 삶에서 사명이 되어버렸다.

21세기에는 '경제력' 이란 기준에 의하여 한국을 대변 한다면, 한국의 문화유산은 우리 자신들의 내면을 대변하는 것이다. 진정 코리아라는 국가가 세계의 무대에서 자국의 역할을 수행하기 위해 문화의 정체성을 놓아두고서 '한국적인' 것을 지향 한다는 것은 마음과 정신이 없는 육체에 불과한 것이다. 한국인들의 혼과 열정이 없는 경제력 파이는 결국 생명력이 존재하지 않는 오직 물질적 삶을 통해 연계되어 쇠락해져 가는 것으로써, 일본, 미국, 유럽의 역사쇠락들을 반면교사로 삼아야 할 것이다.

경제성장에 걸맞는 한국의 전통성과 정체성의 자질들을 철저한 검증과 학술적 자료의 체계화로 국가차원의 원칙과 문화에 의한 국민의 정체성들이 창구로써의 소통이 원활해 질때에 우리의 경제력은 참된 삶을 바탕으로 세계에서의 균형과 조화의 모범적 규율을 다잡을수있을 것이며, 삶 속에서 가장 한국적인 아름다움을 비로소 추구 할 수가 있을 것이다.

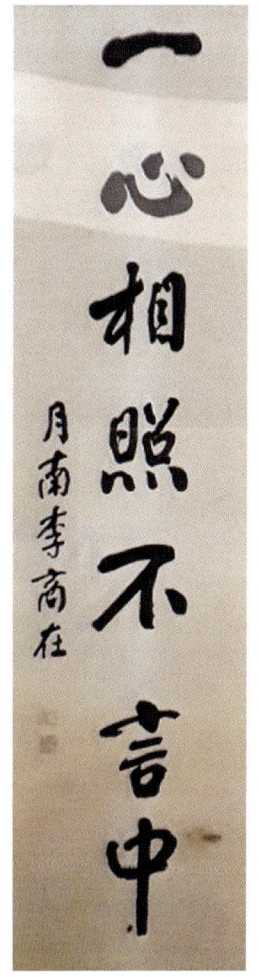

독립운동가 33인중 월남 이상재 글

독특한 차문화

　중국, 일본, 영국 그리고 중동의 예를 보면 각 나라의 독특한 습관들이 차 문화에 영향을 미쳤으며, 다기를 비롯한 그 외 차 소도구들이 각 나라의 문화에 따라 다르게 만들어지고 있음을 알 수 있다.

　백차는 봄에 새순을 맨손으로 정성스럽게 따서 자연적으로 시들게 한 후 찻잎의 수분이 공기 중으로 날아가게 하는 건조 작업 과정을 거친다.
　잘 말려진 찻잎은 은빛을 띄고 차색은 거의 없으므로 백차라고 불린다. 금방 싹튼 새순만을 채취해서 만든 원재료가 아주 어린찻잎인데, 이는 우리나라 영호남 지리산자락 지역에도 야생토종차가 자생하고있다.

　흥덕왕3년(828년) 견당사 대렴이 당나라에서 차씨를 가져와 지리산 쌍계사와 화엄사 일대에 심었다는 삼국사기의 기록에 근거한 설이있는데, 이는 우리 선조들이 그 전에도 차를 마셨고 제례 등에 차를 사용했었다는 문헌의 사실이 잘 드러남을 보더라도 신뢰도가 떨어지는 주장들이다.

 또 다른학자들이 주장하고있는, '인도전래설'은 가락국의 시조 김수로왕의 왕비인 인도 야유타국의 공주 허황옥이 시집올때 (48년) 차 씨를 가져왔다는 것인데, 이와 같은 차의 외래유입설에 반하여 우리 토종차의 자생설이 오히려 학문적 설득의 모태를 두고 있다.

 차나무의 자생지는 조엽수림(동백나무 등과 같이 잎에서 광택이 나는 활엽수) 지대와 일치하며 아시아에서 조엽수림지대는 인도 북동부의 아샘지역에서 중국의 남부와 우리나라의 남부, 일본의 남부에 걸쳐있다.

 때문에 차나무는 인류의 탄생 이전인 신생대초기에 이미 이지역에 폭넓게 분포되었다는 것이 최근의 학설이다. 또한 우리나라 영호남지역의 각지에도 야생토종차가 자생하고 있다는 사실이 최근 밝혀지고 있다.
 이와같이 우리차의 자생설이 훨씬 더 과학적, 역사적으로 설득력이 있다.

모든 차나무(학명: Camella Sinensis[L])는 차나무과(Theaceae), 차나무속(Thea), 차나무절(Sinensis)에 속한다.

중국 소엽종은 우리나라, 중국, 일본 등지에 분포하고 있으며, 잎의 크기가 7cm 이하인 관목이, 아샘종은 잎의 크기가 10~20(cm)인 교목으로 주로 열대지방에 분포하며, 홍차의 원료로 쓰고 있다.

차나무는 19c에 들면서 각 대륙에 전파되기 시작했는데, 현재 서유럽과 북미대륙을 제외한 전 대륙에서 재배되고 있다.

전 세계의 차 생산량은 연간 3백만 톤이 인도와 스리랑카가 전체 생산량의 40%를 담당하고 있으며, 중국에서 30%, 아프리카지역에서 10%, 러시아, 터어키, 인도네시아, 대만, 일본, 남미, 오세아니아, 한국 등에서 2~5%의 차가 생산되어 보급되고 있다.

좋은 차와 차모임을 위하여 차를 대하기 위해서는 과학적으로 엄정하게 접근하는 자세와 법제방법과 정신 사상을 정성스럽게 다루는 태도가 무엇보다 중요할 것이다.

백자 차 주전자

대통령 경호의 포플리즘

미국 내 합법적 신분인 거주자들은 총기를 소유 할 수가 있다.
알다시피, 역대 대통령 중 4명이 현직에 있을 때 암살되고, 2명이 사상을 입었다.

오바마 대통령이나 한국의 경호는 시대적 상황으로 보았을때, 인종의 방어와 이해관계에 의한 권위주의가 지속되어온 규범속에서, 오히려 신변 안전이라는 명분에 의한 경호의 울타리로 인해 국민들과의 소통 부재가 이루어졌다.

대한민국의 군부는 한국의 분단 현실속에서, 북한의 암살 및 전쟁의 경우까지도 염두에 두어야 하기에 철벽경호를 불러왔다. 아울러 국민적 저항에 의한 민심의 이해관계는 시대상을 반영이라도 하듯이 한국의 청와대 경호팀의 물적 인적 자원들을 증가시켰다.

미국 또한, 최초 흑인 대통령에 의한 상대적 테러 세력을 차단하기 위한 또 다른 불합리한 전략 전술이 필요하게 되어가는 진행형이다.

이는 방어를 위한 방안으로 보기엔 상대적으로 국민과의 소통을 위한 대통령의 애민정신은 사라져가고, 국세청이나 I, R, S, 관세청의 지원들은 결국 국민의 땀과 혈세로써 유지 지속 되어 지건만 더더욱 안전과 물적 지원은 가속화 되어가는 현실에 의한 상대적 박탈감과 일상에 의한 경호의 포플리즘들은 무엇인가 싶다.

오늘은 크레스킬에 대통령이 오시는 날이다.
내가 거주하는 집 앞, 불과 50미터 거리에 헬기로 도착 할 예정이다.
72시간 전부터 시크릿 서비스 국토 안보부 직원들이 헬기를 띄우고, 동선을 잡고 야단법석들이다.
우리의 현실들은 물질력과 이해집단화로 인하여, 경호라는 것이 오히려 국민들과의 소통을 차단시키고 혹은 그것이 상대적 박탈감 과차별적 괴리감을 형성시켰다.

경호요원 또한 그러하다.

경호요원이란 유연한 마음과 시대적 도구의 활용과 대처, 경지에 오른 경호무술, 희생적 그림자 정신으로 기본적인 무장이 되어야 하는 것이다. 그저 자리에 연연하고 이해관계로 얽혀간다면 이미 경호에 허점이 드러난 것일 뿐이다.

벽은 있으되 상호소통에 의한 벽이라면, 굳이 철벽 경호나 경호를 받는 피동적인 삶을 살지않아도 될 듯 싶다만, 분노나 상처들의 아픔들이 치유되지 않고 권위주의나 벽들이 높아 원활한 소통이 이루어지지 않는 경호라면, 그것을 받는자나 경호를 하는자나, 나아가 국민들은 소통이 경호에 의해 막혀 결코 행복한 삶을 살아 갈 수가 없을것이다.

나두치 作

라

랄랄라~~ 도와주고 삽시다

랄랄라~ 도와주며 살자

 태어나 학습한 지식들은 지혜로 활용되어져, 베풂과 나눔으로 우러나와야한다.
 또한 깨우침으로 변화의 과정을 통하여, 그 사회성으로부터 조화를 생성하여 채우고, 비워 균형을 잡아야 한다.
 그러한 사회는 베풂의 즐거움과 행복한 생명력들이 존재되어 있을 것이다.

 논리와 지식, 재주 또는 물질력의 상대성 갈등으로 드러난 것들은 이해와 벽과 욕심의 가벼운 변화만으로도 멀어져 불행들을 잉태한다.

 아름다운 인간관계는 바른생활태도로만 이루어지는 것은 아닐 것이다.
 상생을 통한 조화의 균형 속에 살아가면서, 모난 내면을 가다듬고, 나이 들어가면서 더욱 더 삶의 집착을 비우고, 삶을 둥글게 하여 살아가는 것이 사람들과의 좋은관계를 생성할 수있는 것이다.

  삶을 올바로 보고 삶을 유지, 지속하는 것들은 자신에게 엄격하고 강한 사회적 정의감을 책임 지워주어 자연스런 인품들이 드러나게 된다.

  더 나아가 사회의 불합리함들을 참된 변화의 아름다움으로 성숙시키는데, 자신의 물질력을 사용할 줄 아는 자들이 되어야 한다.

K,B,S 평창올림픽 장혜림 화백

마

미국 이민 이십년의 삶

명차의 선택
물의 세계
마음이 어지러울 때 차 한 잔
마음의 공간
마음

미국 이민 이십년의 삶

아침 5시30분. 하루의 일과가 시작된다.

창문 사이로는 아직 어두움이 모여 있고, 이부자리엔 냉기가 찾아와 있을 쯤 일어나 오늘도 어김없이 고국과 나의 존재의 안위를 스스로 깨우치는 시간을 가져본다.

타향살이 무게만큼이나 일상이 되어버린 아침 일상은 어느덧 어두움이나 냉기, 삶의 번다함들은 비워지고, 그저 고요한 고독만이 무반응 상태가 되어져 쉬 웅크러짐이나 드러내지 못한 적막함으로 맞이할 뿐이다.

이미 그 동안의 삶들에 의해 중독되어진 거부할 수없는 생활환경의 변화를 가져오는것 자체가 스트레스가 되어버린 삶들이 뒤엉켜 고착화 된 상태에서는 무거움들을 비운다는 것이 다들 어렵고 힘든 모양이다.

추위와 더위...등 삶에서 견디어야 할 것들의 불편함을 극복하려는 변화의 수고스러움은 사라지고, 자신들의 내면을 들여다보지 못하고 삶의 습관화로 자리매김 되어 있을 뿐이니 이전보다 더욱 더 조급해져가는 마음씀들은 무력화 되어가고 있다.

오늘을 바람직하게 살아가는 '행복의 삶' 이라는 것은 과연 무엇인가! 나도 내자신에게 끊임없이 묻고 있는 중이다.

드러나는 성공적인 삶을 위해서 상대적 갈등의 이기적 개인주의적인 마음들은 오히려 부지런함과 상대성을 향한 아름다운 수고스러움을 회피하도록 길들여져 이미 사회적 편리함들에 의해 구속되어 버렸던 것이다.

상대적 갈등의 크기와 높낮이로써 환경적 부족함들은 욕심, 탐욕, 두려움들이 드리니 행복으로부디 멀어지는 것이다.

도심 생활에서도 자연 친화적이며 검소함의 습관화는 삶의 불균형을 해

소하는 근원이 될 수 있다.

  일상에서 힘들고 어려웠던 불안전한 삶을 견디어, 마음과 정신을 한 번 더 다잡고 평정심을 되찾아야만, 지금 우리는 행복한 삶을 향해 나아 갈 수 있을 것이다.

갤러리아 상설 쇼 룸

명차의 선택

　명차란 무엇인가. 좋은 차의 기준은 대략 다음과 같다.

　첫째. 어느 고장, 어떤 기후에서 자랐으며, 고산 바위틈, 척박한 환경에서 자생한 야생차인가의 여부가 중요하다.
　차나무가 서식할 수 있는 고도는 보통 2500미터인데 고산지대의 차 잎일수록 조직이 세밀하다. 히말라야의 '설차'는 매화처럼 눈 속에서 자라다가 3개월이라는 짧은 봄 동안, 설산의 모든 기운을 머금고 자라난다.

　둘째. 비료나 농약, 영양보조제 등을 사용하지 말아야한다.
　화학 첨가물이 없는 차를 마시면, 몸의 순환이 잘되고, 제대로 된 차를 마시는 그 자체만으로도 건강의 훌륭한 친구의 역할을 해낼 수 있다.

　셋째. 제조과정에서 명인이 만들어야 그 효과를 극대화 할 수 있다.

차는 섬세한 물건이라 같은 재료라도 어떤 사람이 덖었는가에 따라서 그 품질이 결정되기 때문이다.

그렇다면 차만 좋으면 되는가. 아무리 좋은 차라도 어떤 경우는 물맛에 따라 그 차의 맛이 좌우되기도하는데, 그만큼 물의 역할도 크다. 아무리 하품차라도 물이 좋으면 중간은 간다는 말도 있듯이 차의 제대로 된 깊은맛을 느끼려면 좋은 물의 확보도 중요하다.

차를 우리기에 가장 좋은 물은 자신의 성질을 드러내지 않는 물이다. 개성이 강한 물은 차 잎이 갖고 있는 그 고유의 독특한 향기와 맛을 훼손하므로 우리가 흔히 생각하는 약수가 찻물로는 적당하지 않는 것은 그런 이유에서이다.

이런 점에서 볼 때 수종사의 물이나 태백의 검용소 물은 자기를 들어내지 않는 좋은 물이다. 반대로 개성이 강한 물은 오대산의 방아다리 약수같이 철분이 많아서 약간 누렇게 보이는 물로 찻물로는 절대 금물이다.

강화도의 장수사 약수나 지리산에서 최고의 물로 불리는 유천수도 역시 적당하지 않은 것은 물의 분자구조가 아주 작아 차의 성분을 한번에 모조리 끄집어내기에 찻물로는 적당하지 않고 여러번에 걸쳐서 적당하게 우러 나오는 것이 좋은 물이다.

반면 유천수 같은 물이 한약재를 다릴 때는 아주 좋은 것이, 한약재에 축적 되어있는 약 성분을 한 번에 모조리 끄집어 내기 때문이다.

옛날 차는 9증9포를 했다. 9번 덖었다가 말리는 과정에서 차의 독성을 완전히 빼버렸기에 영약으로 쓰이기도 했다. 하지만 웬만한 차는 9증9포를 하는 도중에 부서지거나 타버리는데 한국의 토종 야생의 찻잎이라야 9번을 견딜 수 있다.

요즈음 재배한 찻잎은 두세 번정도만 덖으므로 소량의 차독이 그대로 남아 있는데 그 차독을 중화시키기 위해서는 다식과 함께 하는 것이 좋다.

차를 오래 마시게 되면 차인의 경지에 오르게 되는데, '청명' 이란 차를 마시기 전 찻잎을 만지거나 눈으로만 보아도 차를 알 수 있는 경지이며, '청호'는 차 관속에서 찻잎이 우러나 필 때 아는 경지이고, '청신'은 차가 내 몸속으로 들어와 오장육부에 변화를 느끼는 경지에 이르러야 하며, '청심'이란 차를 통하여 희, 노, 애, 락과 같은 마음의 변화를 느끼는 경지에 이르는 것을 말한다.

　이와 같은 경지에 들어가려면 먼저 '외유내반' 즉 겉으로는 부드럽고, 안으로는 반석 같은 마음을 먼저 닦아야함이요. '평정심'을 유지하여 참 삶의 정신으로 차를 대하여야 할 것이다.

조선 금장 칠보 차 주전자

물의 세계

찻물의 선택은 지하에서 솟구치는 물이 아침 햇살을 받은 것과 뽕나무 밑의 이슬, 혹은 먹는 황토로 지장수를 만들어 사용하기도 한다.

경기도 수종사 물이 그나마 오염되지 않아 찻물로서 추천할만하며, 내가 사용 한 것 중 상점에서 파는 것으로는 오염물질을 제거한 물이 그나마 차의 맛을 살려주었다.

차와 음식 사이에도 궁합이 있는데, 회를 먹을 때에는 약 발효 우롱차가 맞는데, 그 이유는 우롱차에는 따뜻한 성질이있고, 회는 찬 음식이므로 서로 상호 중화 작용을 하기에 그러하다.

육류 섭취 시에는 숙성된 차나, 중간 발효시킨 차가 좋은것은, 소화를 도와주는 작용을 하기 때문이다. 특히 한국의 녹차는 그 효능이 널리 알려진 바와 같이 이상단백질을 해정시키는 작용을 하는데, 이는 중국의 최고품 녹차와 비교할 수 없이 훌륭하다. 또한 토속적인 한국음식이나 짙은 냄새가 나는 음식을 먹은 후에는 진한 향기가 있어서 음식냄새를 중화시켜 주는 데도 적격이다.

 좋은 차는 식어도 그 맛이 흩어지지 않지만, 어느 다기를 사용하는가에 따라서 그 차맛이 변할 수도 있다는 것을 인지하여야만 하는 것이 1600도가 넘는 장작가마에서 제대로 구워 낸 다구라야만이 흙 속에 들어있는 화합물이나 유약에 들어있는 독성들을 모두 정화시킬 수있어 그러하다.

 또한 좋은 찻잔이란 차 그릇을 두손으로 잡아서 힘을 주어 보았을때, 정확하게 원이 잡혀 있어 무게중심이 있는 것을 말한다.
 일예로 일본 무사들이 조선의 막사발인 찻 그릇을 생명처럼 중히 여긴 이유는 다완을 손에 들고 사용하다 보면 다완 내에 중심이 생겨 단전에 힘이 집중되기 때문인데 칼싸움 할 때의 그 힘이 바로 그 단전에서 나오는 것이다.
 좋은 다완을 가지고 사용하면 평소에도 단전에 힘을 모으는 훈련을 하는 셈이기도 하다.

마음이 어지러울 때 차 한 잔

마음을 비운다는 것은 아무런 변화가 없는 정지됨과 고요함을 말하는 것이다.

물질적 삶 속에서 사는 보통 사람이 항상 마음을 비운다는 것은 불가능한 것인지도 모른다.

잠시 한 눈을 팔면 삶의 모든 계획이 뒤틀리는 순간도 있다. 주변 여건에 흔들린다는 것은 아직까지도 삶이 무겁다는 것을 의미하는 것은 아닐까.

살다보면 이해관계가 얽히고 보이지 않는 벽에 부딪히는 미약한 존재임을 깨닫는 순간이 많다.

그러나 마음이 어지러울 때 차(茶) 한 잔을 마실 여유를 가지면 세상은 달라진다.

내 마음에 담긴 또 다른 나를 만들고 있다는 점을 일깨우게 하기 때문이다.

이민자 생활이 십 수 년을 넘다 보니 차 보다 커피와 탄산음료. 인스턴트

가공식품들에 구속 되어 차가 몸에 좋다는 것을 알지만 마시는 것이 번거롭다는 편견과 바쁘다는 스스로의 속박 때문에 삶의 여유를 잃어버린 삶을 지내고 있다.

누구나 한 번쯤 '모국을 떠나 태평양을 건너 미국에 사는 우리가 왜 차를 마셔야 하는 것일까' 라는 물음을 갖지만 의외로 우리가 차를 마셔야 하는 이유는 단순하다.

지금 우리는 미국 땅에서 자란 음식을 먹고 물을 마시며 살고 있다. 그러나 미국에 살아도 한국인 고유의 DNA는 쉽사리 바뀌지 않는다. 스테이크와 햄버거, 스파게티가 아무리 좋아도 우리 몸은 김치와 된장국, 밥, 나물에 길들여져 있다.

수천 년 동안 이어진 한민족의 생활 문화는 조금씩 주변 환경에 적응하면서 발전해 왔다.

'차'에는 우리의 육체가 주변 환경변화에 적응하게하며, 맑게 하고 순화시키는 신비로운 기능들이 숨겨져 있다.

계절에 따라 여름에는 몸을 시원하게, 겨울에는 몸을 따뜻하게 만들어

음양의 조화를 이루게 하는 역할을 한다. 몸의 독소를 없애 입맛을 살리고, 약성까지 겸비한 기호 식품인 것이다. 그래서 선조들은 '차를 마시는 것'을 눈과 귀를 맑게 하는 수행 과정으로 여겼다. 차를 마시는 것 자체도 수행의 과정이다. 인간의 아름답고 고귀한 성품이 함께 어우러져야 차를 나눌 수 있는 여유가 나오기 때문이다.

마음을 비우는 여유로움을 즐길 수 있으니, 당연히 차를 나누는 자리는 좋은 벗을 사귀는 공간인 셈이다.

한 연구 결과에 따르면 10년 동안 차를 마신 그룹과 마시지 않은 그룹은 수명에서 큰 차이가 나타났다.

늘 차를 마시는 그룹은, 차를 마시지 않은 그룹 보다 암 발생 억제율이 80%나 높았다. 수명에도 영향을 끼쳐 생명이 연장된 것으로 나타났다.

차는 단순한 음료가 아니라 엄청난 힘을 갖춘 '에너지 드링크'인 것이다.

가끔 차를 꺼리는 이유로 카페인을 이야기하는 경우가 있다.

그러나 차의 카페인은 커피의 카페인과는 엄연히 다르다. 차에서 우러나오는 카페인은 우리 몸의 독소를 해독하며 중독성이 없기 때문에 임산부나 어린이에게 완전무결한 천연 식품이다.

  우리 몸은 차에 담긴 많은 비타민과 무기질, 엽록소, 폴리페놀, 탄닌 등 유용한 성분을 90% 이상 흡수할 수 있다. 음식물인 경우 섭취시 60% 정도 흡수한다.

  차를 우려낸 찻잎을 나물로 무쳐 먹거나, 밥을 지을 때 넣을 수도 있다.
  멸치나 비린내 나는 생선류와 함께 요리하면 은은한 차향을 함께 느낄 수 있는 것도 차를 즐기는 또 다른 즐거움 가운데 하나다.

  기온이 떨어지고 단풍이 깊어가는 가을, 따뜻한 차와 함께 계절의 변화를 음미해 보는 것은 어떨까 한다.

까뮤 作

마음의 공간

마음을 간소하게 하고 마음을 비운다는 것은, 마음속에선 결국 아무런 변화가 없는 정지됨과 고요함을 말하는 것일 것이다.

어찌 보면 물질적 삶속에서 보통 사람으로서, 매 순간 삶의 연속선상에서 불가항력의 일일지도 모른다.

살다보니 이해의 벽에 부딪치면, 삶의 또 다른 탈출구인 미지의 영역 세계로 구분하여 위안을 주고받다가 무지의 세계로 인식되어지거나 절대적 삶으로 인식되어지고, 결국은 헤매거나 인간으로써의 나약함이 인정되어진다.

나는 산소가 보이지 않음에도 존재되어지고, 공기라는 것이 있음으로 인해서 압력이라는 것이 조화를 만들어 간다는 과학적이고 논리적이지만, 또한 보이지 않는 세계를 인정한다.

그럼에도 눈에 보이는 물질적 삶들에 의해 또한 영향 받을 수 밖에 없는 현실과 또 다른 마음들을 계속 품고 살아 갈 수 밖에 없는 삶들 또한 내 곁에 여전히 존재할 뿐이다.

변화에 의한 기회의 시기를 한번 놓치니 삶의 모든 계획들이 뒤엉켜 버리는 삶을 경험 했던 적이 있었다. 자꾸만 질주 되어가고 있는 물질만능주의적인 삶. 내 어찌 자연 법칙 환경에 적응하지 못하여 아직까지도 삶이 무거웠던 것을 깨우치지 못했었는지 안타까울 뿐이다.

삶들의 고뇌와 고통들을 치유할 수 있었던 것은 결국 모든 것을 비우니 가능 했었다.
바른 마음 씀 들은 생산성을 유지시켜 주었으며, 베품들은 기쁨으로 채워지는 진행형이 공존하여 삶이 행복을 느껴가고 있었다.
이제 비워져 있던 마음의 공간속에 기쁨과 평안이 채워지길 바란다.

마음

마음은 삶 그 자체이며
실체는 그 본질 이었다.

희 노 애 락 애 오 욕
자아와 이성이 감추어진 곳

시간과 공간의 분별함도
모든 것이 마음에 있었다.

머리는 쓰면 쓸수록
무거워지지만

마음의 씀은
끝이 없었다.

마음의 욕심은
정신을 흐리게 하니

그저 소박함을 이루어
마음 편히 살아가자.

박병준화백 초기작

바

베어 마운틴의 봄

백년 꽃 대나무 식물

벗

배려

베어 마운틴의 봄

그대를 위해
가슴 벅찬

물질적 절망을
견디어 지내온 삶

그저
겨울과 봄
저무는 삶 이었네

오오
게눈처럼

보글거리는
허무함 이었을까?

삶이
베어 마운틴에서
퍼덕일 뿐이네

삼경 박병준 화백

백년 꽃 대나무 식물

 대나무 꽃은 백년 만에 단 한번. 꽃을 피우고 열매를 맺고 생명력이 사라진다고 한다.
 물론 천여 종의 식물이 다 같을 수는 없지만, 그 번식력은 척박한 땅이건 어디에서건 뿌리의 반은 땅속에 근본을 두고서 한 근에 뿌리가 9개로 이루어져 지진이나 홍수에도 그 유기체적 연결들로 인하여 3년이면 천개의 그물망으로 생성되어지고 4년이면 일만 개로, 기하급수적으로 생성되어진다고 한다. 나의 정원에서 관찰한 바로는 45일이면 십 미터 이상 자라는데, 이러한 자연의 경이로움에 아직은 과학의 발전에 의한 우리들의 삶이 자연의 법칙과 견주는 것 자체가 미약 할 뿐 이라고 느껴졌다.

 정원의 대나무에 요 며칠 쉼 없이 목화솜처럼 가볍고 부드러운 눈발이 쌓이더니 그 강인함도 더 이상 견디어 내지 못하고 부러졌다.
 일백년은커녕 10년도 되지 않았으나, 거센 폭풍우나 폭우, 우박, 찌는 무더위도 아닌 하얀 아름다운 함박눈에 말이다. 어찌 보면 내가 하는 경호의 일이라는 것도 이유를 불문하고 공격자를 막아 내는데 있다.

 강함을 감추고 부드러운 일순간의 동작으로 다른 상대방이 눈치를 채지 못하는 상황에 온몸을 무기로 삼아 최소한의 동작으로 상대를 막아내야 한다.
 대나무의 강인함은 그 뿌리와 줄기에 있다지만, 유독 우리 인간들은 탐욕들로 인하여 뿌리와 삶의 통찰력들이 자꾸 쇠잔해 가고 있음을 느낄 뿐이다.
 물질력으로 잃어가는 우리의 일상적인 삶에서 강도나, 저격범, 테러, 이해 집단에 부러지고 파괴되어 속박되어져 가는 삶들이 많아지고 있으니 말이다.
 처음부터 물론 나쁜 사람으로 태어나지는 않았겠지만, 게으름과 욕심의 이해관계에 의해 신뢰를 상실하고 상대성의 불신에 구속되어져 탐욕으로써 뻔뻔한 삶의 존재성들이 드러나 인간들은 스스로 퇴보를 불러 오는 것이었다.

상대적인 특정인들을 막아주는 것이 경호라면 그나마 자연의 배신은 경험하지 못한 대 재앙일 뿐일 것이다. 우린 매순간 절제하지 못하고, 마음을 곱게 사용하지 않는다면, 어떠한 환경에서든지 욕심들이 드러나고 안락함의 이기적 게으름들이 생성되어져 자신도 모르는 순간 부러지고, 주변 환경까지 피해를 주게 된다. 그렇게 되면 보호막이 필요하여 담장들은 더욱 높아지고 상생의 삶으로부터 멀어질 것이다.

백년의 삶이 다 가기 전, 단 50년을 살지언정 마음의 눈으로써 참스런 삶의 통찰력들을 생성해 내어, 최소한 우리들은 불행을 생성해 내지 말아야 한다.

그것이 그나마 인생을 보다 더 즐겁고, 기쁘게 살아가는 삶일 것이며, 행복을 느끼며 아름다운 삶을 생성해 연계되어지는 삶이 될 것이다.

충익인간 박병준 서각

벗

아름다운 벗.
열정이 시들어도

아늑한 차방이 그리워
변죽의 삶이 생명력으로
연민의 내음 속에 앉아

감로 차향에 취해
대나무 숲 속삭임에
창문 활짝 열어 놓았더니

무거움이 채워지고
차 한 잔의 비움이

삶 또한
어느덧
가벼워져 갈 뿐이네

배려

　상대의 생각을 바로 보려 하거든, 내 자신의 삶의 생각을 상대의 입장에서 느껴 보아라. 그리고 먼저 모범과 행동을 보여야 하는 것이다.

　내 자신으로부터 변화된 사고를 찾지 못한다면, 갈등과 불만에 갇혀 삶에 대한 올바른 판단을 하지 못하는 것이다. 결국 삶은 하루하루 변화 되어지는 이해관계에 얽매이게 됨으로써, 자신도 모르게 아집이 쌓이게 되고, 도덕적 타락과 삶들의 유혹으로부터 방어하지 못하게 되어 사회의 구성원으로써 혹은 가정의 구성원으로써의 역할들이 퇴보 되어 질 것이다.

　삶을 현명하게 행동하지 못함으로써 사회의 정의는 무너지고, 삶 동안 혼돈들의 상황들은 마음을 무겁게 하며, 비윤리적 타락의 생성들은 참다운 생명력들을 시들게 하고 있다.
　사회적 환경은 개개인들의 삶이 제 기능을 다 할 때에 되살아나고, 상대

조선 중기 태극기 촛대

의 이해의 폭이 넓어져 사회적 환경 활동들이 근원을 만들어 생명력이 살아나는 것이다.

　결국 사람들이 중심을 잡고 기울어짐을 바로 세울 때, 사회적 혼란과 삭막한 도심의 환경적 생활들은 도시 특성의 삶을 배제하고 환경 친화적 삶을 정착화시켜 도심 생활 속에서도 자연적인 삶을 영유 할 수가 있는 것이다.
　인간 중심의 자연 친화적 도시 설계와 인간과 도심이 함께 자연적 숨 쉬는 공간들이 공존하고 나눔과 배려의 균형을 희망하는 참된 이웃들이 함께 할 때에 우리의 삶은 우리가 스스로가 만들어 가는 아름다운 진행형이 될 것이다.

이러한 도심환경과 이웃을 배려하는 자세는 나로부터 실천을 해야 하는 것이며, 참된 가치추구나 환경적 요인들을 만들어 가는 것도 나 자신으로부터의 출발을 점검하여 물질적 풍요로움의 정체성이 바르게 자리하고, 절약하는 정신과 삶의 베풂, 열정적인 노력을 시작해야 할 것이다.

18세기 명화

삶과 예술

선과 악
삶의 깨우침
삶의 은혜
삶의 방향
사계
수학의 정복
삶의 순응
삶의 시작

삶에 고향이 따로 없구나…
삶의 교육
삶의 허상
삶의 풍요
상생의 길
삶과 예술, 내 자신의 역할
생명력이 담겨 있는 예술품
시인의 길

삶과 예술

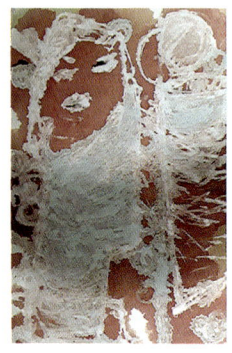

박병준 화백

우리의 삶 가운데 수많은 직업군이 생성되어지고 소멸해 가고 있다.

우리의 환경들이 성장 및 변화됨에 따라 필요에 의해 만들어지고 쇠락하는 과정이며, 이러한 과정 가운데 드러나는 삶의 조화들인 것이다.

어떠한 선택을 하느냐에 따라 자기 자신으로 인해 상대적 결과를 생성하는 것들이다.

이러한 현상들은 생존 법칙만 바라보았을 때에는 바람직한 활동일 수 있겠지만, 또 다른 측면에서 생존만을 위한 현실의 급박한 상황들이다 보니, 미래에 대한 아름다운 대비들이 소홀해지고 사회성에서 흥망성쇠의 제로섬들이 어느 순간 우리의 이념과 갈등 개인주의화와 상생의 부재에서 삶에 적응하지 못하는 불합리함들이 분출되어 여유로움 들이 멀어져 버렸다.

나는 쉼터에 최소한의 자연 친화적인 공간과 작은 물질로도 행복할 수 있는 공간을 만들려는 계획을 십 수 년간 준비해 왔다.

준비 과정에서 풍력을 이용한 방법과 지열, 태양열을 이용하여 아름다움을 창조해야 겠다는 신념과 자연 생태 환경보호를 위한 자연의 법칙을 우선시 따라야 겠다는 다짐을 하곤 했다. 우리 환경의 미래와 지금껏 자신들의 길들여진 방향으로의 이념에 의하지 않는 자연 법칙에 순종하는 길을 선택한 것이다.

(필자는 뉴저지에 자연친화적인 주택과 환경을 조성했었다.)

우린 자신들의 실체를 파악 하지 못하고, 사회성에 속절없이 스스로 구속되어 간다. 현실에서 물질력의 아름다움에 중독된 사람들을 관찰해 보면 사치의 취향과 과시욕, 사교의 폭과 허영심이 비생산적으로 팽창 되어있으며, 스스로 행복하고 즐겁다는 이기주의적 사고들이 만연한 것을 보게 된다.

물질력으로 분류해 놓은 명품을 들든지, 차려입든지, 사용하고 먹든지..
사람들이 아니라 상품들이 이런 사람들을 사용하고 이용한다는 것을 이제는 깨우쳐야 한다. 삶의 가치는 권력, 명예, 부, 명품이 아니라 자신이 속한 사회에서 얼마나 많은 나눔과 봉사 활동으로 자신들의 실체가 온화함과 따뜻함으로 사회에 부여되고 있는지에 대한 그 여부가 생명력이 들어나는 아름다운 가치 일 것이다.

 자신의 가치를 결정 하는 것은 고가의 상품이 아니라 드러나는 성품과 행동에서 답을 찾아야 한다. 결코 고품격의 성품은 겉으로 보이는 포장에 있는 것들이 아니다.
 삶의 불필요한 허영심이나 명품을 통해 자신을 드러내는 것 자체가 이미 참된 아름다운 삶을 자신 스스로 망쳐 균형과 조화를 파괴하는 것이다.
 더 이상 우리 사회의 분노와 방황, 비생산적인 삶의 속박에서 벗어나 따뜻한 인간애가 넘치는 생명력이 드러나는 삶으로 지금 이 순간. 전환이 필요 할 때 이다.

 진정한 아름다움들은 쉬 드러나지도 금전적으로 환산 할 수도 없는 것들이 너무 많다. 사회적 시선들도 점진적으로 변화해 가야 할 것이다.

18세기 동판

선과 악

참스럽고 행복한 삶
가난함과 수고스러움

부자의 부는
희생들로 뭉쳐있고

어리석은 이들
말로써 상처를 입고

행위로 낭비하며
혼돈에 휘말려 버리니.

그럼에도
수고스러운 인내로
익을 견딘다.

함께하고 포용하면
그만인 것을

삶의 깨우침

사방의 적막들이 이제는 내 삶 일부의 즐거움이 되어 버렸다.

티끌하나 없는 흰 구름이 고요 하다가 어느새 허공들의 삶이 배고픔을 감당하지 못하고 순식간에 어둠으로 삼키어 버렸다.

삶의 옳은 생각과 옳지 않은 생각도 한순간이다.

향수를 달래던 타향에서 벌써 몇 해째인가.

무슨 희망을 만들려고, 간절한 그 무엇을 위해, 삶을 연계하여 만들어 왔던 것인가. 삶의 조화를 만들어 내지 못했다.

삶의 베풂이 부족하여 그 동안의 삶의 인생이 물질적 욕심으로 가로 막혔었나 보다. 자연스럽게 조화를 만들 수 있었더라면, 삶을 아름답게 맞이 할 수 있었을 텐데..

찻잎이 노랗다 못해 단풍잎이 되었다.

자연의 연계가 탈이 난 모양이다.

아쉬운 마음에 함께 덖어서 차를 만들어 보지만, 색깔의 향기는 여전 하였다. 그 본성이 남아 있는데 어찌 하겠는가.

어느새 하늘 높은 줄 모르고 자란 놈들이, 뭐가 그리 바빠서인지 삶들을 재촉 하고 있다.

하지만 좀처럼 잘 자라지 않는 녀석들은 아직까지 신선함의 녹색 기운의 그 기세가 당당하다.

돌밭에서 자란 녀석들은 대체로 힘들었지만, 아직까지 건강히 삶의 연계를 만들어 낼 뿐. 안쓰럽게도 기운이 더디었나 싶었더니 억척스런 돌밭에 정체성을 만들어 기다림으로 지새웠나보다. 추운 한파의 눈발에 잘 견디어 주어야 할텐데...

내년이면 또 다른 봄이 찾아 올 것이다.

따뜻하고 온화한 삶들은 아직 나의 주변에서 맴돌고 있다.

삶의 은혜

정갈한 마음으로 찻잔을 기우리라

추악한 삶 마저도 가슴으로 품으리

멀어진 평상심 한 모금 차로 생성되고

혼돈의 삶 향기로 정화시켜

삶의 은혜로 베풀며 살아가리

19세기 성모마리아

삶의 방향

우리는 복잡하고 다향해진 삶을 지속적으로 "어떻게 삶을 만들 것인가 어떠한 삶을 살고 있으며, 어떻게 삶을 살아 갈 것인가" 란 물음에 답을 하며 매분 매초 살아가야 할 것이다.

지금 나 자신으로부터의 삶들의 거짓됨을 깨우쳐야 할 것이다.
자신이 자신의 삶에 무슨 가치를 가지고 사회생활을 연계시키고 있는지에 대한 물음에서 삶의 답을 구하지 못한다면, 자기 자신도 사회적 삶에서 무엇을 염원해야 하는지 모르게 되고 말 것이다. 또한 그것으로부터 삶의 목적들은 희석되어져 버리고, 참된 삶들은 생애에 느껴 보지도 만져 보지도 못하고, 삶의 외형적 것을 쫓아 삶을 허비하게 되는 걸말만 고스란히 남아있을 것이다.

결국 과거, 현재, 미래의 연계된 삶의 조화로운 삶들이란 변화에 따른 삶의 적응과 중심을 잃지 않음에서의 출발에 의한 시삭인 것이다.

우리는 고착화 되어진 일상생활의 삶의 무게에서 우리들의 진정한 삶의 추구인 생명력을 느끼지 못하면서, 사회생활을 연계해 적응해 갈 뿐이다.

 이러한 우리들의 일상의 삶이 되어진 내 자신들은 사회적 환경적 조화를 만들어 내지 못하면서 사회는 갈등과 분열로써 퇴보 되어지는 것이었음을 우리는 경험했을 것이다.

 이러한 사회적 환경적 삶들은 자신들의 속 내면은 보지 못하고 외적으로 드러난 우월적 특징들과 실리 추구 일반화 되어버린 경험들로 인하여 지속적으로 갈등을 만들어 삶들의 균형을 파괴하며, 사회적 참된 책임과 의무를 하지 못하고 불합리하게 살아가게 길들여져 버릴 것이다.

 직업, 학벌, 물질적 풍요로움으로 인하여 습관화 되어 버린 가치관들이 고착화 되어버린 삶 속에서 우리는 그저 기계적으로 생명력이 없는 삶을 살아들 가고 있을 뿐이다.

 물론 보이는 삶에는 외적으로 물질적인 삶과 그 동안의 안락한 삶의 방식으로 영향력을 받을 수는 있었겠으나, 이러한 삶의 가치관들은 참된 현실과 부정확한 삶들이 보이는 우리들의 실체인 혼돈의 생명력이 없는 정신적 삶인 것이었다.

 삶의 혼돈들은 더욱 불확실한 삶들로 우리의 삶을 퇴보 시키는 것이었으며, 사회적 삶을 통한 지식과 실리추구로 축적된 경험들은 자신의 실체는 보지 못하고 내적 삶과는 다른, 보이는 삶 뿐인 겉치레로 삶을 유지하고 만들어 살아갈 뿐이다.

이러한 사회적 삶의 문제점들은 외형적 내면적 불균형에서 화합을 만들어 내지 못하고 비롯되어진 현대 사회에 대한 우리들의 자화상이 되어 버렸다.

참된 가치 추구의 삶들은 내적 외적 조화에서 자신들의 삶을 만들어 진행이 되어져야 참다운 정체성의 삶이 깃드는 것이며, 과거, 현재, 미래의 연계되어진 삶이 조화와 평화가 만들어 질 때에 비로써 우리의 사회적 삶들은 평온과 화합으로 밝은 개인들의 참된 가치관 확립과 더불어 아름다운 미래의 희망을 펼칠 수가 있는 것이다.

사계

세월의 생명력은 봄에 생성되고

열정은 태양의 이글거림에 영글어 가더니

결실은 풍요로운 가을로 연계되어

이제야 겨울의 보금자리로...

삼백 육십 오일
번다함으로 견디었지만

백번을 채우지 못함이
인간의 삶 이었다.

무엇을 위해
욕심을 채웠던가.

인간의 사계를 보았으면 그만인 것이지

수학의 정복

많은 학생들이 지겹고 어렵게 생각함이 결국엔 제한된 시간에 시달림을 받는 것이 수학의 문제점이라고 생각한다.

모든 삶이 그러하듯 기초가 튼튼해야 한다.
1층 집의 뼈대를 완전하게 잡지 못하고서, 2층 3층을 만들어 가는 시간과 열정의 낭비로 인하여 혹은 이러저러한 이유로 인하여 결국엔 완성의 미를 맛보지 못하고 수학을 포기한 경험이 있을 것이다.

제한된 시간보다는 수학은 개념과 원리를 추론하는 접근으로 다루어져야 한다.
이제부터라도 조금 더딜지라도 전체적인 자신의 수학능력을 평가하여 기초를 튼튼히 하여야 한다. 이해력과 분석능력을 탐구하는데 꾸준히 지속적으로 시간을 할당하여 열정을 다하는 것이 수학을 정복하는 지름길이다.

먼저 모든 학습을 즐겁게 하기 위해서는 지도자의 가르침도 중요하나, 우선 내 자신 스스로 마음을 다잡아 자신의 적성에 맞는 그림 설명이나 보조자료를 활용한다거나, 수학적 성분들은 어떻게 추출해 내는지 융합적인 논리로 보다 이해하기 쉬운 학습 자료를 선택하는 것이 바람직할 것이다.

실용수학의 이해를 잘 도와주게 설명된 학습 자료는 수학을 보다 더 즐겁게 깨우칠 수가 있을 것이며 함수, 방정식, 부등식은 함께 묶어 상호 연관 관계로써 동시에 접근하면 보다 효율적일 것이다.

과를 떠나 미적분, 확률 통계란 현대 생활에 있어 필요시 되는 지식 탐구이니 만큼 사회 실생활에 접목시켜 활용하기 위해서라도 배움의 학습장에서 확실하게 깨우쳐 둔다면 삶을 지혜롭게 영유 시키는데에 많은 도움이 될 것이다.

삶은 자고로 '나란 존재는 무엇이든지 할 수 있다'라는 굳은 신념으로부터의 시작이 모든 것을 가능하게 만들어 준다. 열심히 해보자.

19세기 가뎃트 作

삶의 순응

 자연에 대한 삶의 순응의 경이로움을 지속적으로 경험하는 것은 행복의 시작이었다.

 나는 미국 생활 십수 년 동안, 너무나 많은 자연적인 삶의 축복을 받아 왔음에도 불구하고 가끔씩 잊어버리고 살아 올 때가 많았다. 그 때 마다 찾아 드는 삶의 불협화음들은 내 마음속에서 허우적거리다 결국 내 자신이 자연을 멀리 했었음을 곧 깨닫게 된다.
 자연으로부터 성취되어진 우리들의 일상적인 삶에 정신적, 물질적 풍요로움의 감사함들이 퇴보되어 질 때 정신적, 육체적 고통이 수반되어짐을 규칙적으로 느끼게 된다.
 이제 불혹의 나이를 넘어서 깨우침을 얻어가고 있는 이 와중에도 아직 진행형일 뿐이다.

점, 선, 면 박병준 화백

　도심 속에서 생존을 위한 물질적 노예의 삶이 일상화되어버린 나의 삶 가운데에, 고즈넉한 나의 공간인 안식처와 아담한 텃밭들은 행복의 시작이 되었다.

　대나무를 심고 뽕나무, 차나무, 무궁화, 상추, 깻잎, 신선초, 오이, 호박, 토마토 등은 나의 먹거리일 뿐 아니라 자연이 내게 준 선물이었다. 정신적 마음에 풍요로움까지 더한 선물 이었던 것이었다.

　조그마한 텃밭으로부터 시작되어진 식물들의 자람, 보살핌, 땀 흘림, 햇빛, 바람 등 이러힌 행위를 연계함으로써 만들어지는 결실과 과정들이 자신도 모르게 자연과 더불어 행복은 항상 내 곁에 있었던 것이었다.

　많은 물질적 가치추구의 삶들은 대저택, 수영장, 자가용, 비행기 등 보다 큰 파이를 생애에 만들어 성취하려는 삶들로 변모해 가고 있다.

많은 이들에게 이것들은 죽는 그날까지도 불가능할는지 모르겠다.

하지만 이러한 물질적 욕구들은 비합리적인 모순과 비생산적인 삶이라는 것을 현재의 삶 동안 깨우친다면, 생명력이 없는 물질적인 삶보다 조그마한 것으로부터 삶의 행복을 찾는 전환점의 시작이 될 것이며, 물질적 기계적 노예의 삶보다 수백 배 값진 행복한 삶을 살아갈 수 있을 것이다.

삶의 시작

삶들이 가벼워진다.
마음이 밖에 있는데, 무엇에 욕심을 부려 삶들을 낭비 하는가.

삶의 목적지를 향해, 없었던 길을 개척이라는 명분을 만들어 지나가고 있을 뿐이다.

비록 갇혀 있으나 마음만은 자유롭게 날아간다.
답답함을 모르고 길들여져 날아가고 있었을 뿐이다.

시작도 끝도 없는 그런 차원의 공간과 정해진 삶의 공간을 두고 연계하고 있었을 뿐이다.

발아래 혹은 발위에 그저 내 몸 하나 연계되지 않은 삶들이 무엇이었던 것인가.

    정신적 삶의 허기는 무엇으로 채워야 하는가.
    삶의 열정, 사랑, 베풂, 대자연의 조화는 끝이 없을 뿐이다.

    부서지고 사라지는 삶들의 조화는 쉼 없이, 시대적 삶들의 공동체적 삶들을 되풀이 할 뿐이다.

    이미 정해진 시간이 또 다시 나를 구속한다.
    그저 순응할 뿐이다.

    정신적 가치 추구의 삶과 대자연의 조화와 길들여짐은 나를 나 자신으로 바로 볼 수 있었던 참다운 삶의 시작이었다.

18세기 마굿간

삶에 고향이 따로 없구나…

'삶'이 계절에 따라 맛이 다르고 수확의 기쁨이 따로 있으니, 그 중에서도 녹차의 성장 과정과 지역의 높낮음, 뿌리 깊음, 자연의 무궁무진한 배려가 '차'란 곳에 함축되어 있다.

차를 선택함에 사람의 성품과 인품이 우러나오고, 차를 음미함에 삶들이 우려 나오니, 차라는 것이 삶 내내 마음을 다스리고 정신 건강을 유지하게 하는 것임에는 부족함이 없다.

어린 백차는 우리 몸의 열을 내려주고 해열 작용을 도와 여름에 마시는 자연 음료로써 이만한 것은 없을 것이다, 자연산의 거칠은 찻잎 또한 장시간 건조 과정으로 인해 열량이 많아 겨울용으로 이만한 것은 없을 것이다.
차 주전자에 찻잎 넣으니 향기와 함께 삶이 우러난다.

세월

이 또한

삶에 고향이 따로 없었구나.

차 한 모금에

삶이 충만하여

만물이 생동하는

춘월인가 싶더니

어느덧

겨울로 접어 들었구나.

삶의 교육

2011년 11월 18일, 목요일이 대학 수학능력 시험의 날이다.

한창 삶의 사춘기를 거친 청소년들이 신체적 변화와 정신적인 가치관들을 정립하여 사회적 활동의 기초가 되는 선택의 기로에 서 있을 것이다.

어쩌면 냉혹하고 불합리한 사회성의 또 다른 폭풍우 속으로 뛰어들어 경쟁 사회에서 살아 남기위한 생존이 시작되었는지도 모른다.

자식을 둔 부모들의 마음 씀이 다 그러하겠지만, 모든 입시생들, 자신들의 긍정적인 사고와 바른 가치관들이 자리를 틀어 그 동안 열심히 노력한 실력들을 최고로 발휘할 것을 염원하여 본다.

앞으로 우리 사회의 건강한 일꾼들이 되기 위해서, 물론 개개인들의 경쟁의식도 중요하나 낭비적인 삶들을 없애고 서로가 존중하는 지식인들로서 거듭나길 바란다.

 21세기의 우리의 시대적 환경들은 평생 동안 교육을 해야 하는 장이 펼쳐질 것이다.
 끊임없는 정보의 홍수 속에서 학문탐구는 삶의 연계선상에 있는 한 우리 자신들의 전부가 되었다 해도 과언이 아닐 것이다.
 학문탐구마저 삶 동안, 선택이 아닌 필요악이 되어버린 세기에 시대적 삶을 살아가면서 정신과 몸, 마음을 다잡아 살아가기란 경쟁보다 더 어렵게 되어 버렸다.

 교육과 학문탐구에 대한 열정도 물론 소중하지만, 우리의 지식인들의 삐뚤어진 내면들을 보노라면 차라리 교육받지 못 한 것만 못하단 생각이 든다.
 바른 마음이 부재되어 있는 교육은 사회적 낭비는 물론 개인으로써도 몸과 마음, 정신을 불행하게 하는 근원이 될 것이다.

 자식들에 대한 부모의 사랑을 어찌 말로 표현하겠나 만은, 부모의 사랑도 중요하나, 먼저 부모의 냉혹한 사회의 삶의 현장에서 터득한 바른 지혜와 온화하고 아름다운 삶들이 자식들에게 또한 다른 자식들에게도 전이 되고, 우리 자식들 스스로 일깨워지는 삶의 교육이 병행되어 진다면 굳이 제도적인 불합리함들이 존재하더라도 우리의 교육 환경들은 스스로 정화되어 지리라 염원해 본다.

대한민국의 입시생들이여 마지막 한순간까지 힘내시고, 건강하고 밝은 마음으로, 자신의 신념을 믿으시고, 활기찬 미래의 희망을 성취하리라 기원합니다.

미국에서 아빠로부터

삶의 허상

 철학은 아직까지도 그 깊이를 알 수 없는 학문 분야인 만큼 우리들의 사주팔자 또한 그 깊이를 알 수 없는, 통계학 허구의 논쟁에 대한 일부분일 뿐이다.

 미래를 예측하기 위한 질문과 논쟁들은 고대에서부터 현재까지 끝이 없다. 이는 인간들의 연약함의 단면인 것이다.

 고서적이나 예언들을 빌려 쓴다 하나 이것들 또한 시대적 삶의 생명력들이 없는 통계일 뿐이며, 허구의 삶들을 덧붙여 만들어 내어 답을 구하는 꼴이다.
 자신들의 불합리함들과 상대적 비교에서 찾는 허구들은 삶의 실체가 아닌 것이다.
 어쩌면 서양의 별자리나 동양의 음양오행, 주술, 역학, 사주들은 사람의

바른 마음 씀을 갖지 못하여 생성되는 삶의 부족한 결핍들을 보상 받기 위함일지도 모른다.

이는 심리적 삶을 살아가는 인간들의 욕망에 의한 진화의 과정으로 보아야 한다.

삶으로부터의 행운이나 불운들은 우리들 자신 스스로 만들어 내고 있다. 이러한 자신들의 삶의 잘못으로 인해 파생 된 결핍과 부족함들을 채우기 위한 하나의 방편으로써 사주팔자와 운명론의 실체가 없는 허상인 것들을 붙잡는 셈이다.

이러한 마음들의 형상들은 지위고하, 물질적 경제력을 막론하여 존재한다. 심약한 인간들의 깊숙한 내적 심성에 들어있는 것으로, 미래를 예측하지 못하고, 삶을 회피하며, 열정적인 삶 보다는, 이기심에 의한 삶에 대한 결과와 혼돈의 분출구를 생성해 낼 뿐이다.

첨단 과학의 발달로 인한 통계수치의 정확한 답을 구한다 한들 개개인들의 미래의 메모리 사회적 적응성이 발전을 거듭하여도 이것 또한 우리들의 불안전한 심리 상태들을 논리들의 주장과 허구를 가지고 자신들에게 위안의 답을 구하는 꼴인 것이다.

시대적 삶에 대한 한 단면으로 만들어진 결과일 뿐 부정적인 것과 불안전한 삶의 심리로부터 벗어나고픈 인간들의 삶에 대한 원초적인 불안함을 해결해 주지 못할 것이다.

오히려 이를 교묘히 이용하여 상품화하고, 미래의 예측을 빌미로 상술이 판치는 사회적 암적인 존재들이 판치게 될 것이다. 잘못되어진 길을 스스로 선택하여 놓고, 사주팔자를 찾는 것은 화약을 짊어지고 불속으로 뛰어 드는 꼴인 것이다.

사주팔자나, 운명론, 숙명론들은 자신의 참된 삶에 오히려 악의 근원과 탐욕, 욕정을 만들어 불행을 잉태 할 뿐이다. 미신을 빌어 점쟁이들은 어리석은 자들에게 겁을 주어 상술을 펼치고 지하 자금과 삶들의 사회적 낭비와 불신을 조장할 것이다.

우린 하루하루 열정적인 삶과 참된 사고의 일상으로부터 불행과 부정적이며 불완전한 심리로부터 벗어날 수 있으며, 오늘의 참된 열정적인 삶들이 미래의 희망을 만들어낼 것이다. 또한 이러한 불완전한 삶의 답습을 벗어나는 자태만 가지고도 우린 얼마든지 불행의 근원을 차단하여 참다운 삶을 연계 시킬 수 있는 것이다.

조선초기 황지에 그린 불화

삶의 풍요

부질없다는 말
삶의 열정
갈증을 비우는 말이라네.

순간에 뒤웅박이 되듯이
한 끼의 허기짐 마저도
연계일 것이네.

베풂을 실천하고 나면
허기의 한 끼가 아니라
풍요로워 지는 것이라네.

아무것도 없는 것이
모든 것이 내 것 되어

열정을 다하노라면
행복의 느낌 이었다네

상생의 길

 상생의 길이란 상대와 나의 중심에서 공정성과 배려하는 바른 마음 씀에서 발견되는 것이며, 서로의 이해관계의 줄 달리기에서는 결코 찾지 못하는 것이다.

 삶의 최종 목표인 참된 가치추구를 재산증식이나 보다 더 안락하고 풍부한 물질력들로 오인 한다면, 오히려 상처와 증오, 무거운 삶의 갈등을 불러와 또 다른 삶의 결핍과 갈증을 낳을 것이다.
 우리의 현실은 물질력을 축적하는 것이 삶의 목표로써 일상생활의 삶으로 고착화 되어 버렸다. 부의 축적이 목표와 삶의 희망이 되어버린 이상 정신과 육체는 자유스러울 수가 없다.
 상생의 길을 갈려면, 우리의 욕심과 과분한 물질적 중독에서, 균형이 깨짐을 인정해야 할 것이다.
 우리들의 일상생활과 과거, 미래, 현실 세계마저도 물질력에 삶들이 소

조선시대 화조도

용돌이치고 부의 쏠림 현상들은 사회의 조화와 균형을 생성하지 못하고, 어린 생명들이 미래의 희망과 꿈의 시작은커녕 마시는 식수가 없어 한쪽에서는 병들어 죽어가고 있는 것이다.

  선진국들의 탐욕과 이기주의적인 개인들의 물질적 풍요에 가치를 두었던 삶의 목표의 결과물들로 인하여 어느새 우린 물질적인 풍요를 누리는 지금 이 순간에도 수많은 생명력을 우리 스스로 파괴 하고 있는지도 모른다.

  이제라도 자연 친화적인 삶의 목표와 자원 절약의 체질 개선으로 인간 본성을 회복하여 면역체계를 복원 시킨다면, 우린 참 된 삶과 나의 현재의 풍족함에서 조그마한 절제만으로도 수많은 어린 생명력을 보호 할 수가 있는 것이다.

현재 풍족함의 결과물인 전기, 수도, 가스 에너지들의 폐기물인 방사선 물질은 10만년의 세월이 지나서도 과학으로 안전성을 답보 할 수가 없는 상태이다.

에너지 낭비와 갈등 사회적 불합리함들로 인하여 우리의 미래 후손들이 무겁고 어두운 삶을 걷지 않도록 하기 위해서라도 우리는 지금부터 절제하고, 나눔의 실천을 하는 것이 상생의 길을 가는 것일 것이다.

삶과 예술, 내 자신의 역할

삶 동안 자신의 역할을 찾아내는 것으로 자신을 바로 판단을 할 수가 있는가.

시계의 분침에 역할을 수행하고, 시침으로 그 고유의 기능들을 완벽하고 묵묵히 제시하듯 우리도 모든 삶 속에서 이미 '나'의 역할이 정해져 있다.

우주에서건 세상 속에서 건, 상대적으로 상호 비교 되어진 형체나 삶들은 아무런 삶의 가치관이 없는 무의미에서 비롯되어져 삶의 무거움들을 생성해 내고 있다.

결국 자신들의 물질적인 삶 속에서의 '나'란 존재하지 않은 상태에서 삶들의 허구만 찾게 되어져 버린 것이다.

삶의 연계 선상에서 나는 쇠철관에 불을 지핀다. 그 쇠철관은 달아올라 영향력들을 행사하고, 처음엔 찻물이 보글보글 생성되어 물에 본질이 살아 있더니, 시간이 지나면서 수많은 기포가 끓어올라 금세 파도를 만들어 물의 본질을 없애 버리고 만다.
　우리의 삶도 정해져 있는 삶의 연계선상에서 삶의 의미를 상실해 버리면, 본질이 없어져 사라지고 말 것이다.

　그것은 참된 내 자신이 없었기에 단지 삶의 불꽃이 생성되어져 잠시 활활 타 올랐을 뿐. 삶 가운데 상대적인 것과 물질적인 삶으로부터, 파도에 의해 본질이 이미 넘쳐버려 사라졌기 때문에 그러하다.

　그렇다면 참된 정신을 소유한 내 자신의 역할의 본질은 무엇이란 말인가.
　마음과 몸과, 정신이 하나의 조화를 만들어, 내 자신 스스로부터 참 자유를 얻어야 하지 않을까 한다.
　내 자신으로부터의 참 자유란, 자기 자신 존재 자체의 그대로 발견을 하고 인정하며, 자신의 삶을 가꾸고 다듬어 삶에 매진하는 것이다. 삶들로부터의 일깨움들은 삶의 고뇌를 치유하고, 불안전한 미래의 삶으로부터 벗어나게 하며, 삶의 행복감들을 맛보는 것이다.

물질적인 한계의 삶을 살고 있는 우리들의 욕구는, 삶을 연계하는 이상 발전을 거듭하며 욕망을 추구할 수 밖에 없는 존재다. 이미 물질적 사회 환경에 의한 절제의 참된 삶을 잃어버린 결과물인 것이다. 욕망이 넘치는 삶들의 사슬에서 벗어나 보지도 못하고, 단 한 번 뿐인 자신의 삶이 어둠과 좌절, 불행 속에서 생이 마감 되어지는 것도 모른 채 살아 갈 뿐이다.
　이전의 잘못된 습관들이나 부정적인 사고들의 불안전한 삶으로부터 삶에 자유를 만들어 내기 위해서는 불완전한 환경적 요인으로부터 자신의 행위들의 책임과 헌신적 사고, 긍정적이고 아름다운 마음의 틀을 만들어 자신 스스로 실천을 하여야 하는 출발에서 답을 구해야 하는 것이다.

　물질적인 욕구로부터 흔들림 없는 가치추구의 삶은 보다 온화하고, 정적인 삶의 방향으로 심오한 내 자신의 삶을 만들어 비로소 밝은 눈을 얻어 삶을 바로 볼 수가 있는 것이며, 자연스럽게 삶의 조화를 만들어 평온하고 온정이 넘치는 아름다운 삶의 행복을 느낄 수가 있는 것이다.

자연스런 삶들은 행복을 항상 느끼는 것이며, 세상을 밝고 맑게 고즈넉함으로 지속 시킬 수가 있기에 그 삶 속의 너그러운 품격과, 온화함은 삶의 근원이 되어서 자신 뿐 아니라 주변 환경까지 고귀하게 만들어 낼 것이다.

　아름다운 삶들은 또 다른 많은 이들에게 삶의 교훈과 지침서 내지 삶의 철학들로 유익을 끼칠 것이며, 베풂의 삶이 참스런 삶이라는 것을 느끼게 해 줄 것이다.
　이들의 참스런 삶들로 인하여 내 자신의 삶의 목표도 발견하게 되어서 나를 바로 볼 수 있는 마음의 눈을 얻는다면 물질적 삶이나, 부정적 사고들은 자연적으로 내 삶으로부터 멀어지게 될 것이다.

　'지금 당신에게 무엇이 있는가' 스스로 질문하여보고, 자신에게 주어진 행복을 주변 사람들에게 베풀고 나누는 혹은 좋은 영향을 끼치는 하루하루를 살길 바란다.

18세기 풍경

생명력이 담겨 있는 예술품

 우린 예술 작품들을 귀한 생명체 다루듯 하여야 한다.
 생명력을 담아낸 작품 속에는 작가만의 영혼과 예술적 열정들이 녹아 담겨져 있기 때문이다.
 외길의 열정적인 삶들이 창조의식으로 전환 되어져 완성된 작품들은 진하고 뭉클한 감정의 아름다운 맛을 선물하기에 그러하며, 미적 표현의 극치가 승화 되어진, 예술적 한계를 극복한 결정체로써의 작품들의 표현들이야 말로 문화와 인종간의 벽을 뛰어넘어 삶에 정서적이며 평온한 삶들을 교감 할 수가 있기 때문이다.

 때론 화려하면서도 장엄함과 엄숙함, 소박함과 불균형들이 조화를 이룬 작품들은 우리들의 삶에 여유와 인간의 아름다움, 인간애, 삶에 고귀함 이라는 영향력을 행사하며, 시대정신의 삶들에 증거물로써 당시의 사회상의 정신적 혼을 느낄 수가 있다.

또한 우리는 이러한 다양한 예술품들로 인하여 우리의 삶을 이롭게 할 수 있다.

어쩜 뛰어난 기교와 색채들의 배합으로 신경을 날카롭게 만드는 표현들마저도 참된 작품성의 변화로 인해 소모적인 사회적 갈등들마저도 온화함과 아름다움, 포근하면서도 평화로움으로 우리에게 다가온다. 작품들의 근원들은 결국 우리가 풀어가야 하는 과정에 조화의 삶들로 거듭나야 하는 것들이다.

흑백상감국화문팔각지통 청자

17세기를 수학의 시대라 한다면, 18세기는 물리학이 대두 되었으며, 19세기엔 이들을 연계함으로 생물학의 시대를 열었다.

20세기에 들어서면서 우리들의 삶들은 풍요로운 환경적 공포 시대를 지나 정보화의 범람으로 이젠 평화의 '문화 시대'가 열린 것이다.

시대의 독창성이 깃든 세계사적이며 예술적인 조화와 균형의 작품들이 탄생하여, 위대한 유산들을 만들어 지속되어 질 때에 관람자로서의 개인들의 역할은 무엇일까?

지금 바로 각자 자신들이 할 수 있는 가치 창조의 아름다운 밑거름들을 형성 하고, 환경을 생성해 내어야 한다.

그러할 때, 우리 예술품들은 사회성으로부터 삶의 완성미와 더불어 아름다움을 승화시키며, 참된 생명력을 바탕으로 조화와 균형을 이루어 아름다움을 추구 할 수 있는 것이다.

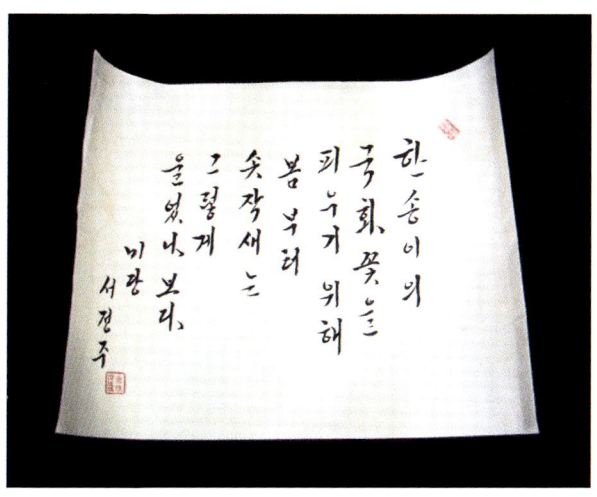

미당 서정주시인의 원본

시인의 길

하려거든
질곡의 삶을 향해
깨우치는 마음의 소리
느껴보자.

관찰의 중후함
섬세함을 채워

대자연과
조화를 생성 할 때에
언어는 창조를 한다.

때론 바람처럼
이슬처럼
안개처럼
삶에 멍들어 휩쓸려도

오직
참 생명력으로
공간을 열어 주는 이.

우린
그를 시인이라 부르리라.

아

울림의 미학

예술
일본의 차문화
5년만에 완성한 집
21세기 가족이야기
아름다움이란 균형에서

언어와 말
영혼이 아름다운 삶
우리들의 아버지
아미쉬 마을
우리들의 어머니

울림의 미학

 우리는 살아가면서 쉽게 행동하는 습관들이 언제부터인가 각자 자신들에게 스며들었다는 사실을 발견했을 것이다.
 자신의 경험과 학문들이 무슨 교과서인양 방어를 우선적으로 해 놓고서 답을 풀어쓰는 과정에서 거부감이나 모순들을 제기 한다는 것이 논리가 되어 버려 그러 할 것이다.

 마음이 편하면 편한대로, 마음이 거스르면 거스른대로, 다 이유와 자신들의 색깔들이 분명하다.
 비워져 있는 것에 그 비움만큼 우린 상대성의 울림으로 다가 온다.
 채워져 있으면 그 파장을 뚫고 울림의 본질이 희석되어 파문을 일으킨다.

 사랑하되 채워도 채워지지 않는 사랑은 끝이 없는 맥락과도 같은 것이다.

모든 사물의 이치나 인간관계에서도 잔잔한 감동의 울림들은 그리 꽉 차 있지 않다.
 솜털처럼 가벼운 눈발이 쌓이고 쌓이다 보면 쉬 대나무도 부러지는 것과 같다.
 그래서 자신들이 충분히 감당할 수 있는 정도의 채움이 있어야 할 것이다.

 욕심이건 마음이건 사랑이건 그것들은 채워지는 것들이 결코 아니다. 따뜻한 마음을 활용하다 보면 무궁한 생명력의 근원임을 금방 알 수가 있다.
 상대를 이해하는 마음은 없어지는 것들이 아니고, 오히려 자신에게 생명력이 존재하는 씨앗이 되기 때문이다.

 아름다움을 추구함에는, 멋지고 값비싼 옷을 걸친다고 내 자신이 값비싸지고 훌륭한 사람이 되지 않는다. 비록 남루한 옷일지라도 정갈하고 깨끗하게 입는 사람에게는 분명 아름다운 미소가 감추어져 있을 것이고, 속내는 그 어떠한 것과도 겨줄 수 없는 검소함과 자신과 함께한 삶의 열정이 묻어 있기에 그러하다.

나는 구두 한 켤레가 15년 된 것과 썬글라스가 20년 된 것. 시계는 내 나이보다 많은 60년 된 것. 코트가 17년 된 것을 항상 고마운 마음으로 해외 출장길에 행사용으로 즐겨 사용하고 있다.

내일 아님 일주일 후 내가 죽는다고 생각 해 보자.

그것도 아니면 내가 살고 있는 장소에서 자신들의 양손으로 필요한 것만 가지고 탈출을 한다고 생각 해 보자.

얼마나 많은, 혹은 사용하지도 않는 물품들과 심지어 포장도 뜯기지 않은 물품들이 어떠한 계기가 되어 우리 품속에서 허우적거리고 있는지, 얼마나 삶들을 낭비 했는지 보일 것이다.

하물며 이러한 불필요한 물품들로 채워져 있는데, 마음이건 배려건 사랑이건 나눔의 열매가 제대로 울려 퍼질 수 있을까 싶다.

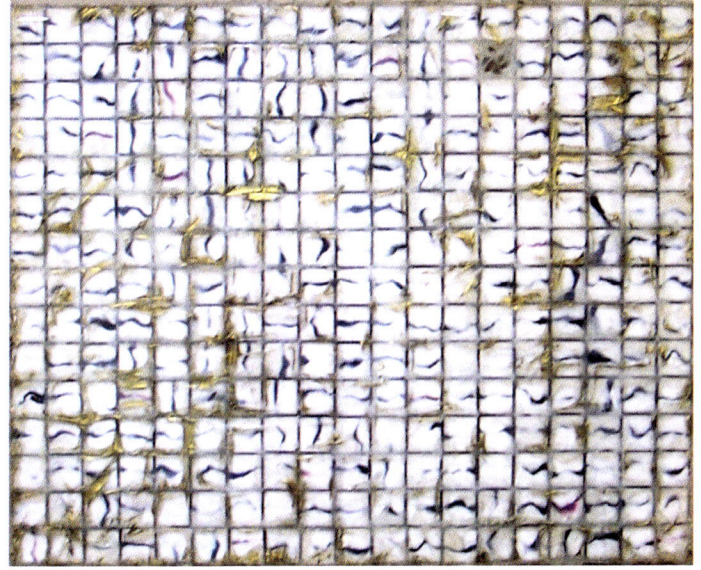

박서보 作

예술

호프만 作

예술은 삶의 모순을
아름다움으로 창조 하는데
근본이 있었다.

개인의 삶을 넘어
아름다움이 드러날 때에
그 곳에 예술이 있었다.

미학의 추구에서
가치관이 결실을 맺고
행복이 느껴질 때

예술성은
삶의 불편함들을 치유하고
창조가 드러나는 것이다.

예술은
인간의 욕망을 초월하고
삶의 한계를 벗어난
평화가 찾아드는 것이었다.

일본의 차문화

일본의 차실은 90cm 정도의 심오한 일본만의 문화가 응집 되었음을 볼 수가 있다.

차실을 찾는 이들은 차실을 방문할 때에 거룩한 곳에 간다는 믿음을 가지고 있다.

무사들은 차고 있던 칼을 처마밑에 걸어 두고서야 차실에 들어 갈 수가 있었다.

차실은 평화가 깃든 곳이기에 신분의 높낮이가 없고 몸을 낮추어 겸양과 미덕을 가르치기 위한 훌륭한 문화가 없었던 일본 문화의 출발인 것이다.

일본풍의 차실을 관찰하면 한국의 정신적 수양을 위함과 멋을 흥취하기 위함보다는 사무라이들의 잔옥사에서 상대적인 마음을 다스리고 예절을 가르쳐 평화를 추구하는 목적에서 출발되어 졌다.

매월당 김시습이 차방의 문을 열어 한국적인 정취인 사계절의 아름다움을 방안으로 들여와 즐겼던 것을 일본의 차 예절에서 두드러지게 나타나고 있다.

역사적으로나 물증으로 보더라도 일본의 차문화 보다 한국의 차문화는 초의 선사의 중정 철학을 보더라도 종교, 역사, 정치사상을 초월한 훌륭한 지혜들은 다산 정약용, 김홍도, 일부스님들이 맥을 이어오다 일제감점기와 6·25로 맥이 끊어졌던 것이겠다 싶다. 하지만 한국 기후의 북상으로 인하여 차 문화의 발전과 후손들에게 정신적 수양과 고부가가치 산업의 대책으로 차 자생지의 재배지도 북상을 하여야 할 것이다.

현대에 들어와 우리들의 욕심과 욕망들은 차 산업발전에 대량생산을 위해 본질적으로 차 생산에 퇴보를 오히려 불러온 것이다.

녹차생산에 근본적인 문제점들을 파악하지 못하고 너무 가볍게 접근을 한 것 같다.

생산방법, 품종개량, 품질보존등의 계획적인 접근이 절실히 필요한 때이다.

일예로 수 천년 동안 지리산 자락에 자생하던 야생차나무를 없애고 인도산 차종을 번식하게 한 것이다.

전남 보성과 지리산 자락의 기후가 우리의 토종 야생차가 자생하기에 가장 적합하다.

차의 효능과 정신을 계승발전하기 위해서라도 가장 근본적인 접근에서 시작되어야 할 것이다.

5년만에 완성한 집

5년 걸려 완성한 나의 친환경 주택

나의 보금자리는 여름에는 시원하고, 겨울에는 따뜻하여 에어컨이나 난방을 켜지 않고서도 살아가는데 불편함이 없다.

주변에 대나무 숲을 조성하여 기를 끌어 모았으며, 100년이 넘은 뽕나무를 잘 가꾸어 학문을 탐구하고 뽕나무 이슬을 받아 찻물로도 활용하고 있다.
대나무 밭에는 차나무가 벌써 3년째 150그루가 여전히 잘 크고 있다.

내부는 온돌을 설치하고 한국적 공간임을 강조 하였으며, 정원과 벽 테두리는 이색적으로 돌 마감을 하여 미국의 반듯한 정원과 생명력이 없는 구조물들을 탈피하고 구릉을 지게 하였다. 그리하여 바람과 구름의 정체를 피하여 소통이 잘되게 하였으며, 벽면은 일반 건축물과는 다르게 벽의 열을 차단하여 실내 공기의 흐름을 바꾸어 항상 신선한 공기를 유지하게 하였다.

나는 건축물에 생명력을 불어 넣었다고 생각한다.

건축물은 겉의 구조물만 살펴 볼 것이 아니라, 시행자의 마음을 읽어야 제대로 된 건축물을 바로 볼 수가 있는 것이며, 50년 후 가치가 평가 되어 질 것이다.

필자가 완성한 친환경 주택

21세기 가족이야기

가족과 경제력이라는 관계를 서로 떨어뜨려 놓을 수 없는 시대.
우리는 그 시대적 혼돈의 삶들 속에 살고 있다.

과거의 대가족 관계에서부터 사회적 핵가족들의 구성이 많아지다 보니, 일상적인 삶의 패턴과 삶들의 절약 정신과 예절들이 결여되어 욕심에 의한 자녀환경이나 지아비, 부인 등 가족 구성원들을 대하는 새로운 개념들의 변화에서 충돌들이 돌출되어지고 있다.

친한 벗이나 이해관계적인 사람들에게 마음 씀이나 인내 베풂들이 베어 나오면서, 오히려 가족 구성원에게는 인색해 지고 함부로 대하는 관계들이 만들어져 무수한 갈등과 불합리함들이 생성되어지고 있다.

가정의 행복함과 불행함을 좌지우지하는 것이, 경제 활동 뿐만 아니라 일상적인 삶에서의 배려의 삶으로부터 비롯하여지는 것을 깨우치지 못하고 반복되어진다면, 우리들 자신 스스로가 만들어 놓은 가정으로부터 오히려 불행과 고통, 좌절의 삶들에 골은 깊어만 갈 것이다.

18세기 作

나쁜 생활습관들의 고착화는 갈등의 돌파구가 아닌 열정과 인내와 균형의 부재에서 찾아야 할 것이다.

가족 구성원의 행복인 부지런함과 절제, 절약, 근면함, 성실성에서부터 수많은 삶의 낭비와 경제력의 갈등들은 또 다른 사회의 병폐를 복합적으로 방비하는 것들이다.

서로에 대한 나태함, 안일함 들이 이미 잠재되어진 불안 요인들의 돌출로써 이제라도 피를 토하는 자아 성찰 없이, 마음의 결여가 가속화 되어진다면, 우리 가정들의 최악의 상황들이 결국에는 인류 발전의 퇴보를 생성하여, 이러한 부끄러운 인간성들은 다음 세대들의 발목을 잡을 수 밖에 없는 결과를 낳을 것이다.

지금껏 가치추구를 해온 가정패턴인 선진국들이 보이는 가족 구성원들의 풍족함과 과소비들을 매체를 통하여 답습하고 모방했던 것으로써, 과소비와 개인주의화 되어진 일상의 삶들을 다잡지 못한다면, 우리들은 우선시 변화되어야 할 정신마저도 갈등을 치르게 될 것이다.

가족이라고 해서 편안하고, 다 이해를 할 것이라는 착각에서 벗어나야 한다. 가족 구성원에 대한 각자의 책임과 의무가 따라야 할 것이다.

한쪽으로 치우쳐 균형에 조화를 생성 하지 못한다면, 나 하나쯤은 괜찮을 것이라는 생각만으로도 이미 그 가족의 구성원은 가정의 책임을 다하지 못한 결과를 초래하는 것일 것이다.

우리는 1950년 6.25 이후 근검절약, 협동정신, 부지런함으로 급속도로 경제력을 무려 300배나 팽창해 놓았다. 그것은 개개인들은 물론 그들의 가족 구성원들도 사회적으로 풍요로운 환경을 누리게 하는 계기가 되었다. 그와 동시에 300배의 갈등이 상대적으로 생성 되었다고 보면 될 것이다.

또 다른 의미로는 사회적인 균형과 조화를 이루어 내기 위해선 300배의 생각과 삶의 질, 자원, 소비, 교육, 문화, 가치관, 사회 기여도 등 수많은 변화를 가져와야 된다는 것이다.

국민들의 시대에 불합리한 의식에 의한 전환으로써 가족애, 배려, 신의, 삶의 열정, 참된 가족들의 수많은 유기적인 이해관계의 균형과 조화는 개인은 물론 가족 구성원들이 맨토이며 스승들이다.

내가 먼저 시작하여 우리 사회가 올바른 상생의 생명력이 싹틔워질 때에 가능 한 것이다.

아름다움이란 균형에서

우리의 삶 가운데 보이는 것보다 보이지 않은 것이 더 많다.

삶 동안 울분, 좌절, 뼈를 깎는 고통의 순간의 삶들을 마음속에 묻어두어 보이지 않듯이 말이다. 이러한 것들이 정신 속에 저장 되어 사용되어지면, 우리의 육체는 중환 기혈이 막혀 기해 단전의 불균형으로 인하여, 일상적인 활동에서 질병들이 오고나가 육신은 병들어 가는 것이다.

우리는 정신과 몸, 마음의 조화를 바로 잡지 않고서는 결단코 올바른 실체의 삶을 추구 할 수가 없는 것이다. 삶에 추함이나, 이기적인 생각, 질병 마저도 마음으로 정화하고 혼돈의 삶들을 정신으로 정돈하여 마음을 다잡아 몸을 다스려야 하는 이유인 것이다.

땅에는 나무가 뿌리를 내려 생명력을 연계하듯이 사람은 몸의 중심인 단전으로 시작한다.

마음은 빛과 같은 존재이며, 공기는 기혈로 생성되어 있다. 또한 모든 살아있는 생명체에는 생, 노, 병, 사의 실체인 DNA가 존재되어 있다.

이러한 삶의 깨우침으로 죽는 그 날까지, 삶의 균형과 조화를 생성하는 사람들로 인하여 세상은 하나로써의 생명력이 연계되어지는 것이다.

우리는 문명의 발전과 더불어 행해진 선진국의 답습과 환경적인 요인에 의한 길들여짐으로 인하여 이미 배려와 마음의 균형을 잃어버렸다. 이 시대를 살아가는 물질문명 속에서 이미 지식은 많으나, 지혜가 없는 사람으로 꽉 차 버렸으며, 정신적 비만은 삶의 강한 애착을 불러와 삶의 실체를 잃어버린 지 이미 오래다.

이로 인한 개인주의적 삶과 가족애는 이미 균형을 잃어 가고 있으며, 삶의 균형을 잡지 못해 물질적 구속에 의한 삶이 추구될 수 밖에 없는 것이다. 자신의 주어진 환경에서 삶의 물질적인 노예의 근성을 비우지 않고서는 결코 참된 삶의 조화를 생성할 수 없다.

우리의 개개인이 각자 스스로 삶의 균형을 다잡기 위해서는, 마음의 균형을 먼저 들여다보아야 한다.

언어와 말

 삶 속에서 생명력이 있는 아름다운 언어를 구사 한다는 것은 참으로 중요하다.

 언어란 학문과 지식을 탐구하여, 삶의 소통 가운데 자신의 가치관과 감정을 올바로 전달하고 구사하려는 주체성과, 내면의 자질들이 개개인들의 특성에 따라 그대로 반영 되어지는 것들이다.

 언어가 말에 의해 의사전달이 원활하게 이루어지지 못한다면, 삶의 생존과 사회생활 자체의 도덕성이 흔들리기 때문에 언어 소통의 문제점들은 신속하게 극복을 해야 한다.

 그래서 때론 어린 아이들의 순수하고 꾸밈없는 말들에 귀 기울여 보아야 한다.사회적 환경의 아름다운 변화에 동참하기 위해서라도 개개인들의 노력이 필요하다.

언어적 습득은 자신들의 생활환경에서 결정 되어지는 것들이다.

자신들의 분야에서 전문적 지식의 용어들을 이해하고, 정보매체에서 분야별 취약점을 식별하여 자신의 분야를 논리적 사고로 풀어 깨우침을 얻어 사용할 수가 있어야 하는 것이다.

자신들의 삶의 염원과 자신의 분야의 체계적 열정들은 아름다운 말 한 마디들이 어우러져 좋은 주변 환경을 만들고, 따뜻한 삶을 생성해 갈 수 있기 때문이다.

삶 동안 활력이 넘치는 환경적 말들의 삶들은 자신의 폭넓은 가치관 확립과 더불어 삶에 풍족한 언어 구사 습관을 만들어 주기에 그러하다.

그리하여 비로소 비언어권들의 사람으로써 언어들은 정복 되어지는 것이다.

내가 영어를 정복하기 위해 좋아하는 영화를 무려 백 번이나 본 적이 있다.

언어를 잘 구사할 수 있다는 것은, 말을 잘하는 것도 중요하겠으나, 자신의 분야에서 전문가로서의 역량을 살찌워 조화와 균형을 생성하는 것이 중요하다.

언어의 습득은 올바른 활용에서 자신의 환경적 삶으로부터 습득한 경험과 실질적 삶으로부터 완전하게 이해하여 구사하였을 때에 언어의 가치를 창조 할 수가 있을 것이다.

　요즘 젊은 세대들은 말은 잘하는데, 자신의 실체에 의한 행위로부터 우러나오는 것이 부족해지고 있다.

　무분별한 정보의 홍수와 통신수단에 비중이 쏠려 있는 우리의 현상이 이를 잘 대변해 준다.

　언어를 생략하고 변질하여 섞어 말하는 젊은 세대들이 많이 늘어나는 추세이다.

　시대의 흐름으로 인한 현상들로 보기엔 조금 씁쓸함이 느껴질 뿐이다.

　존댓말, 예절언어 등 이러한 결핍의 잘못된 습관들을 당장 버리지 못한다면, 언어의 아름다움은 커녕, 삶 동안 그러한 언어적 결핍현상의 결과물들이 각자 자신에게 되돌아와 관습으로 정착되고 길들여질 것이다. 계속 이러한 현상이 이루어진다면, 결국은 언어의 본질이 희석되고, 너무나 아름답고 소중한 보물인 우리 언어를 잃어버리고 살아가게 될 것이다.

영혼이 아름다운 삶

삶의 깨달음은 밝은 마음의 근원에서 구하여 영혼을 깨끗이 하여 삶을 펼쳐가야 하는 것이었다.

육신이 쇠잔하고 정신의 혼탁함에서 무거운 마음이 생성되어 영혼까지 밝지 못하여, 삶에 아름다운 조화를 만들지 못하였다.

말로 다 할 수 없는 것을 깨우치고, 들을 수 없는 참 된 진리를 이해 할 수가 있다면, 우리의 정신과, 몸, 마음은 이전과는 다른 '새로운 삶'을 맞이하게 될 것이다.

고려시대 목불상

무거웠던 어둠이 가시더니 맑은 소리가 들리네

하루의 가벼운 풍만함들이 쉼 없이 생명력을 키우더니만

그저 반백년의 삶이었을 뿐이네

일상적인 고즈넉한 삶으로써 그림자를 만들더니만

그것마저 밝은 빛에 사라지는 것이었네.

삶은 존재나 형상도 없더니만 사라지는 것이었을 뿐이었네.

우리들의 아버지

아버지의 공정한 사고들은 지천명이 되어서야 겨우 삶의 의미를 맛보았습니다.

아버지의 존재성에 드러난 삶은 참된 신뢰의 근원이었으며 가치 추구의 믿음을 알지 못했던 어떠한 변화에도 참된 삶과 신뢰를 배웠습니다.

지금에 와 참다운 삶으로 진화하여 생을 살아가야 할 원인을 찾았습니다.

그것은 따뜻하고 한결같은 마음이 바로 베풀 수 있는 삶이라는 것을 이제 삶을 넘어 참스런 생명력에 들어서려고 하니 이제야 진정 행복한 삶이 조금씩 다가옵니다.

아미쉬 마을

 지난주 토요일, 모처럼 그동안의 스트레스와 조직의 길들여짐으로 인한 과정에서 비롯된 병원 진찰을 포기하고 휴식을 취하기 위해 '아미쉬 마을' 생활 터전에 방문 하였다.
 물론 일전에도 방문한 적이 있었으나, 그 때는 그리 쉬 마음에 와닿지 않아 부족함을 채우려는 욕심의 연민이 앞선 것일지도 모르겠다는 생각이 들었다.

 그들은 미국의 풍요로움 속에서도 말을 이용해서 밭을 갈았고, 지하수를 통해 물을 공급받고 있었으며, 어떠한 전기에너지도 없이 난로를 거실 중앙에 배치하여 생활하였다. 마치 1960년대 한국의 농촌 생활 같았는데, 어두워지면 잠자리에 들고 해가 뜨면 일어나 열심히 농사일과 생산적인 삶들이 이루어졌다.
 우리의 일상생활의 번다함과 다르게 그들의 얼굴에 온화한 생기가 넘쳐

났다.

 또한 그들은 이미 조직에 사육되어진 나의 욕심적인 일상으로 보노라면 결코 이해 할 수 없는 조화와 균형을 지키며, 불편함을 전혀 느끼지 못하고 너그러운 마음을 가지고 고요하고도 풍만한, 안정된 생활들을 하고 있었다.

 자연과 더불어 맘껏 행복을 느끼고 살아가는 영혼이 맑은 이들의 삶을 고찰 하노라면 가슴이 뭉클하게 벅차오르는 것은 앞으로 내가 삶을 어떻게 살아가야 하는지 답이 나오는 것 같았다.

 환경적 삶에 순응하며 균형과 조화의 삶을 유지한다면 우린 영혼과, 마음, 육체는 한결 부드럽고 아름답게 자연과 참 생명체로써 조화를 생성하여 삶이 가벼워지리라 이번 방문은 한 번 더 마음을 다잡아 보는 계기가 되었다.

 이들의 삶에는 작은 것에 감사함이 있었다.
 자연에 의한 수확들과 그것을 나눔에는 행복이 넘쳐났으며, 이들의 절제 되어진 순수한 영혼의 일상생활에서 이들만의 소박함들과 해맑은 지혜들은 고스란히 자연과 더불어 상생하는 것이었음을 깨달았다.

미국의 풍요로움 속에서 비로소 '깨우침'들이 가슴으로 밀려들어오고 있었다.

장혜림 화백

우리들의 어머니

슬픔, 고독, 아픔
시각, 청각, 오욕칠정에
모든 열정 아낌없이 비우시고
어머님의 마음을
담아보려 하니
저렇게
삶의 여명으로 들어 나시네
사랑 그 사랑들은
삶의 축복이었네.

자

자식들을 위한 마음

자유인

자신의 존재

자식들을 위한 마음

 삶 가운데서 '성공한 자'라 불리는 사람들의 이면에는 남들이 알지 못하는 땀과 눈물, 한숨과 절망, 열정들과 끊임없이 밀려오는 실패와의 질긴 싸움이 자리하고 있었던 것을 나는 경험을 통하여 배웠다.

 종종 그러한 처절한 과정들을 간과한 채, 겉으로 드러난 성공의 결과만을 보고 형태를 쫓아 살아가는 이들을 볼 때면 가슴 아플 뿐이다.

 그래서 행여 우리 아이들이 목표에 대한 대가를 지불하지 않고, 쉽게 얻으려는 몽상가(Dreamer)와 그 꿈을 실현하기 위해 대가를 철저히 지불하고 실천하는 비전가(Visionist), 즉 성공을 쟁취하기 위해 처절하게 노력하는 사람들 간의 차이점을 구분하지도 못한 채 화려한 인생의 성공만을 욕심내는 건 아닐는지 내심 걱정이다.

대한민국의 자녀들이 아래와 같은 마음을 지녔으면 하는 바람이다.

부모를 공경하는 마음.
스스로 강건함을 만들어 내는 삶.
미래의 희망을 잃지 않고, 아름답게 견디는 자세와 체력.
열정적인 삶을 통한 실패를 너그러이 용서하는 도전정신.
성취감에서 자만하지 않게 하여 주는 겸손함.
사회적 불합리함들을 구별할 줄 아는 지혜로움.
부족한 이들에게 온화함과 베품을 실천하는 사람됨.
미래의 큰 꿈을 가지고 자신부터 변화를 불러 오는 용기.
꿈을 펼치되 주변의 희생이 없는 삶.
너그러움이 삶 속에서 자리하면서도 엄격함을 잃지 않는 자세.
물질적 풍요를 따르기 보다는 검소함과 부지런함으로 승부.
명예나 권력을 따르지 않고, 참된 가치관으로 옳고 그름을 판단하는 정의로움.

자유인

자연을 멀리 했더니
뒤틀리는 구려

경제력에 속박되니
삶의 노예가 되고

욕망을 앞세우니
탐욕이 눈을 가리고

중독되어지다 보니
실체는 보이지 않더니만

속절없는 인생
비우고 가야 하건만

다시 태어난다면
자유인으로 살고파라.

데이빗장 作

자신의 존재

 나이가 들어 갈수록,
 살아가다 보면 어느덧 자신들의 실체의 삶들은 사라지고,
 타인의 비교 대상에 의한 그림자의 삶들을 따라 살아가는 시간이 많아졌다.

 일생동안 이미 존재하던 시간과 공간의 질서 속에서, 우리는 태어나는 순간부터 죽을 때까지 단 일백년 혹은 절반의 삶들을 채우지 못하고, 아침이슬의 안개처럼 사라지는 또 다른 존재가 될 것이다.

 오늘, 지금 이 순간, 지금껏 살아온 나의 삶이 허상이라는 것을 깨달았다면, 혹은 오늘, 개인, 가족, 직장 등의 미래를 위해 살아가는 최선의 일상의 모습들에서 무거운 삶들의 모습을 보았다면, 어찌 해야 할까?
 삶이란, 확고한 신념과 매순간 일깨움으로 무장하여 참 생명력으로 마

음을 비우고 도전해 볼만한 가치가 넘치는 것이다.

 우리들은 미래를 위한다는 명분으로 혹은 가족의 사랑을 위해, 사회 공동체를 위해, 이미 삶들은 이념에 의한 관습과 시간에 구속 되어, 내 자신은 물론 가족의 삶과 사회의 참다운 미래마저 실체가 아닌, 그림자의 허상으로 길들여져 가고 있다.

 우리 스스로 참된 자신의 주인이 되어야 한다.
 먼저 물질적 마음의 욕심을 비우고, 에너지와 자원을 절약하는 일상적인 생활 습관부터 부족함에서 풍족함으로 변화해 가야 한다.
 우리가 살아가는 모든 삶 속에는, 모든 것들이 연계되어 있다.
 개인으로부터 개인, 가족, 사회, 국가, 자연, 하나의 지구환경의 모든 삶의 활동들은 나의 실체로부터 연계되어 나의 참된 영향력으로 존재되어 드러나는 것들이다.

 어떠한 행위들이 참된 생명력을 가지고 열정을 발휘 하는가에 따라, 실패한 삶이나 성공한 삶 같은 보이는 형태가 아니라, 보이진 않더라도 자신

17세기 초상화

의 내면에는 삶의 주인 됨의 맑은 마음이 존재되어 삶의 허망함에서 벗어날 수 있을 것이다.

  삶이란, 주어진 환경에 구속되어져 있는 것이 아니라, 나 자신으로부터 참된 생명력으로서 주인 된 자격으로 주변 환경을 생성하며 만들어가고 가꾸어 가는 것이다.

  세상으로부터 취한 모든 것들은, 원하든 원하지 않든 간에 죽기 전, 모든 것을 다시 제 자리로 돌려놓는 형태가 삶의 조화와 균형들일 것이다.

  지금 이 순간, 잠시만이라도 숨을 인위적으로 참아 보자. 우리들의 마음과 정신은 쉼 없이 주어진 환경 여건에 따라 움직인다는 것이 느껴 질것이다.

  그러나 많은 생각과 혼란의 삶 보다 단지 숨을 쉬어야 겠다는 생각과 숨 쉬지 않는 것을 멈춰야겠다는 생각뿐일 것이다. 숨 쉬는 것과 숨 쉬지 않는 행위에서 조차, 단 3분정도면, '살거나 혹은 죽거나'에 대해 깊이 생각해 볼 수 있다.

3분의 소중함을 맛보았다면, 내 자신 스스로가 주어진 환경 속에 구속되어지지 않고, 무슨 일을 하든지 자신의 삶의 실체의 주인으로 거듭 태어나야겠다는 결심이 서고야 말 것이다.

그림자의 삶의 허상을 느낀다면, 숨이 끊어지는 한계를 뛰어넘어 삶의 베풂과 자연으로부터 배우는 겸허함, 일상적인 삶의 깨우침 등으로 자신으로부터 생성되어진 참 생명력의 주인으로 삶을 전환해야 한다.

그러한 도전으로 인해 당신은 타인의 그림자의 삶으로부터 벗어난 자신의 존재를 찾게 될 것이다.

차

차 이야기

차의 정체성 찾기
차를 통하여 비워지는 삶
차인들의 느낌
차. 매력의 산물
차 한 잔의 여행
7월

차 이야기

모든 먹을거리가 그러 하듯이 차 또한, 심신이 평정치 못하면 차의 고요하고 미세한 맛과 향, 색, 미를 즐길 수 없다.

마음 또한 비우지 않고 차를 음미한다면 차의 깊이를 알 수 없다.

모든 격식과 무거운 마음을 비우고 차를 마시길 권장하고 싶다.

같은 찻잎이라도 우려낸 횟수와 차를 대접하는 이에 따라 색, 향, 미의 미묘한 멋스러움이 드러난다.

차는 뜨거운 물에 우려서 마신다지만, 이는 끓여서 먹는 보리차나 다려서 먹는 탕 종류와는 엄연히 다른 마음이 감추어져 있다.

한국은 추운 나라이기 때문에 다른 지역 여건보다 조금 늦게 새순이 나오고 있다.

 4월, 하순에 피어나는 찻잎 중 '작설차'는 어린 새순만을 정성을 담아 따서 덖거나, 찌고 여러 차례 숙련된 손으로 열정을 다해 비벼서 만든 차로써, 찻잎의 모양이 참새의 혀와 같이 생겼다하여 지어진 이름이다. 참새에게는 혀가 없지만, 부리의 모양을 따서, 혀도 그럴 것이라는 선조들의 아름다운 미적 표현에서 유래하여 명칭이 되었다.

 작설차는 맛과 향이 그윽하고 오묘하여 녹차 중에서 으뜸의 자리를 차지하여, 많은 사람들로부터 사랑받는 차이다. 작설차는 따는 시기와 조건과 규격에 따라 제조하는 과정에서 감로, 특선, 정선, 녹선 등으로 구분하는데, 그 맛과 향에도 각자의 고유한 향취를 지니고 있다.

 백차는 감로대자연의 기운이 한껏 피어오르는 곡우 전후에 처음 올라오는 새순만을 한 잎, 두 잎 손으로 정성껏 따서 만든 차를 말 하고 차 맛이 부드럽고 색깔도 정갈하며 향기가 뛰어난 녹차를 뜻 한다.

 '특선입하'는 입하 전후의 찻잎을 손으로 따서 만들어 부드러운 맛과 향기를 감추고 있는 차이다. 정선 하지 전후의 찻잎으로 만들어서 맛과 향이 강하고 가격이 저렴하여 대중적으로 많이 애용되는 차이기도 하다.

차에 대한 문화차이는 각 나라별로 다른 배경과 환경 자신들의 역사를 받아들여 그 나라 나라마다의 고유문화로써 발전해 가고 있다.

쇠철관 조선시대

차의 정체성 찾기

 '차'의 정체성을 찾기 위해서는 차 만드는 일을 경시 하거나 신비화 하는 일에서부터 벗어나야 할 것이다.
 차를 생산하고 가공하는 과정에서 차의 효능과 자연의 맛을 살리는데 역점을 두어야 한다. 우리 선조들의 전통 법제 방법의 맥을 살려내고 복원하는 노력이 있어야 하며, 차를 생산하는 사람들의 책임도 뒤 따라야 할 것이다.

 우리 선조들의 훌륭한 말차는 오늘날 사람들이 가장 즐겨 마시는 마실거리임에는 틀림이 없다. 극동의 음료였던 차는 19C부터 세계적으로 확산되었으며, 현재 세계의 차 생산량은 연간 총 3백만 톤 내외로, 지구상에서 가장 많이 생산되는 음료이다

 아시아와 구미(歐美)의 주요 국가들은 국민 1인당 연평균 차 소비량이

500그람 이상 이라고 한다. 그 중 대한민국이 겨우 100그람이 채 안 되고 있는 데에는 6.25와 일제강점기를 통한 문화의 단절이 가져온 뼈 아픈 현실에서 온 것이다.

 중국과 일본이 차 산업과 차 문화를 꾸준히 발전시켜 온 반면, 우리나라는 차의 후진국으로 전락하게 되었다. 까닭은 서구 문물의 수요 증가와 우리 것을 가벼이 여기고 기호 식품들의 상품화와 커피의 보급이 가져온 일상생활의 다변화 된 변모일 것이다.

 우리들의 현대화의 시대적 자화상 이다. 더불어 무분별한 차인들의 주장과 이해 대립의 갈등에서 비롯되어진 것으로 일본, 중국의 차예사나 심평사 제도를 끄집어와 차인을 양성 하고 자격증 제도를 불러와 더더욱 한국 고유의 '차문화' 가 설 자리를 잃어버렸던 것이다.

 이는 노력 하지 않고 쉽게 얻으려는 지식인들의 무책임하고 게으른 처사들로써, 차를 마시는 사람이라면 이제라도, 좀 더디더라도 선조들의 훌륭한 차인의 정신사상과 검소하고, 소박한 아름다운 마음이 절제되어진 일상의 삶으로써의 전통 '차 문화' 의 복원에서 출발되어야 할 것이다.

다소 수익성은 떨어지더라도 비료나 농약을 사용하지 않고, 자연 생산 재배 방법으로써 차의 근본의 야생차 효능을 되살리며, 차, 물, 불, 다기의 조화와 정신들이 생성 되어 진다면, 한국인들만의 전통적이며 훌륭한 정신을 승화 시키는 '차 문화'는 나의 세대에 복원 되리라 본다.

고려청자 차 주전자

차를 통하여 비워지는 삶

　미국사회에서 수십 년째 지내다 보니, 이제는 한국인이라는 존재성과 우수한 한민족의 특성들이 새삼 느껴질 때가 있다. 특히 삶의 갈등이 이민 생활을 뒤흔드는 파도로 다가올 때, 한국의 '차 문화'의 고요한 평정심이 나의 마음을 다시금 다잡아 주곤 한다.

　크게는 인간과 자연, 작게는 한민족을 이어주는 공동체를 떠올릴 때, 차를 빼놓고 말하기가 부자연스러워져 간다.

　차를 마신다는 것 자체가 몸과 마음, 정신, 불, 물, 찻잎이 조화를 만들어 내는 수행 과정이 되어 완성이라기보다는, 매번 차를 마실 때마다 진행형으로 나타난다.

　차를 마신 지난 일들을 한마디로 정리할 수 없지만, 생활방식이 녹아 응

집된 차방을 만들었을 때 가졌었던 '행복한 심정'으로 설명할 수 있을 것 같다.

 차라는 존재는 색, 맛, 향의 어우러짐이 무겁지도 가볍지도 않은 것이, 청아함과 고귀함은 물론 계절에 맞게 시원함과 따뜻함, 부드러움을 숨겼으니 한국인에게 준 자연의 특별한 선물임에 부족하지 않은 존재이다.

 완전무결한 찻잎 속에 감춰진 정신을 떠나서라도 영양학적으로 쓴 맛은 소화액을 분비 시키고, 떫은 맛에는 항암작용과 신 맛은 비타민의 보고요, 짠 맛은 나트륨, 단 맛은 포도당 아미노산류가 담겨져 에너지를 공급해 주니 어느것 하나 버릴 성질이 없으니 말이다.

 좋은 차를 마시려면 물을 잘 선택해야 한다. 까다롭고 앙칼진 물의 성분은 쉽게 변하기 때문에 차에 맞는 물을 선택하고, 물을 끓이는 온도와 시간까지 세심한 정성의 손길을 필요로 한다.

 순간을 놓치면 쓸모없는 물이 되기 때문에 게눈같이 보글보글 끓어오르도록 불을 다스리는 차인들의 지혜가 놀라울 따름이다. 순간을 놓쳐 파도처럼 넘치는 물을 사용하면 이미 물의 성질이 없어져 버린 것이기 때문에 진정한 차를 대할 때는 소홀함과 천박함이 들어갈 공간이 없어야 한다.

　이제 한국 대학에도 다도학과가 생겨 차인을 양성한다고 하는데, 적잖이 우려되는 부분도 있다. 가장 한국적인 차의 정체성이 정립되지 않은 상태에서 중국과 일본에서 만든 차예사, 심평사 등과 같은 제도를 도입해 자격증을 발급한다는 것은 전통 차 문화에 담긴 다양성을 획일화시키는 불행을 잉태하고 있는 것은 아닌지 되짚어 보아야 한다.

　지형적으로 중국의 토양은 석회질과 황토 성분이 많아 차의 우수한 성질을 생산하기에는 어렵다. 일부 오염되지 않은 산지촌에서 생산되는 전통 깊은 차를 빼 놓고는 단순히 대량생산과 시장의 크기로 차의 종주국을 중국으로 보는 것은 무리가 있다.

　일본 토양 역시 화산재가 대부분이고 이미 야생차가 아닌 품종 개량으로 차의 성품을 잃어 버린 지 오래다. 400년 전 일본이 약탈해간 조선 막사발이 일본의 국보가 된 것은 한국이 차의 종주국임을 입증하는 대변이기도 하다.

한국의 화강암 지대는 지구상에서 가장 오래된 유일한 지역이다.

화강암의 게르마늄은 차의 고유성분을 구성하는 기본성질로 그 정신세계까지 잘 말해주고 있으니, 한국 차의 우수성을 새삼 거론할 필요가 있겠는가.

또한 차를 즐길 때는 형식에 좌우되지 말아야 한다.

한국의 계절 특성을 담은 야생차를 가지고서 전통 문화를 유지 계승하여 차 문화를 만들어 가야 한다.

차를 대하는 자세 또한 정제된 정신적인 삶을 실천하는 것이다.

삶에 의한 과정에서 깨우침을 벗어난 '차'는 있을 수 없기 때문이다.

조선 왕실 사용 진사봉황문 차주전자

차인들의 느낌

 낮과 밤은 나뉘어져 있는 것이 아니라 일련의 선상에 하나로 연결되어 있다.
 악한 마음과 선한 마음도 태초에는 하나인데 삶의 탐욕으로 인하여 두 개로 나뉘어져 버렸다.
 인간의 탐욕으로 인해 나뉘어져 버린 우리의 땅도 하루 빨리 통일이 되어 하나가 되었으면 하는 바람이다.

 이 순간, 차 한 잔을 마심으로 인하여 삶의 탐욕과 무거움을 버리고, 참된 삶의 깨우침을 향해, 평화로운 삶을 만들어 간다면, 옳고 그릇됨을 벗어나 참된 삶의 새싹을 키우는 길이 될 것이다.

 '차'란 하나도 아니고 둘도 아닌 참된 삶을 가득 채운다.
 비우는 반복 되어진 삶 속에서, 행복도 불행도 평정심으로 삶을 살아 갈

친환경녹차 갤러리아 장

수가 있도록 하는 과정일 뿐이다.

 나의 오늘이, 생에 마지막 날이라 생각하고 비움을 실천하는 삶은, 많은 삶의 무거움들을 가볍게 할 것이다.

 오늘 살아가는 최선의 삶만이 과거와 미래가 존재되어지는 것이며, 모든 삶이 진정 비워질 때에 채워지고 다시 비워지게 될 것이다.

 바람처럼 구름처럼 순식간에 사라지는 것이 삶이건만, 고로 차 자리도 하나인 것을 어찌 이제야 깨우쳤을까.

'차 자리'는, 귀로는 찻물 끓는 소리를 들으며, 코로는 향기에 취해, 눈으로는 다구와 차의 깊이를, 입으로는 첫 느낌의 시작의 맛을, 손으로는 찻잔의 감촉을 차의 성품에 맞추어 나와 남을 구별하지 않고, 맑고 밝은 마음으로 아름다움을 공유하며 느끼는 곳이다.

모든 것이 하나가 되어 서로 조화를 만들어 갈 때, 이러한 참스런 '차 자리'가 이루어 질 것이다.

이것들이 차인들이 갖추어야 할 덕목은 아닐까 한다.

차. 매력의 산물

차를 마시는 행위는 절세를 통하여 참 멋스리움과 삶을 건전하게 하고, 덕을 쌓는 나눔의 행위 자세에서 기쁨을 누리고 깨달음을 얻어가는 과정이다.

차를 끓여 마시는 차인의 생활 자리는 참선의 분위기와 예절, 절제되어진 동작과 언행들은 심신수련 상태의 과정으로써 서로 상호 보안 작용을 하는 것이다.

차례를 통하여 흐트러지는 정신을 가다듬고 차를 통하여 차의 성질인
향, 색, 미를 즐기다 보면 차를 준비하고 끓이고 대접하며 마시는 과정 속에서 참 수행을 더불어 맛 볼 수가 있는 것이다.

심신 단련을 돕는 차의 성분에는 폴리페놀, 아미노산, 바이타민 A , B1,

B2, C, 단백질, 지질, 당류, 색소류, 무기질, 등이 있으며 바이타민 C의 경우는 레몬의 5배 이상을 함유하고 있다. 또한 노화 억제 및 피부암, 자외선차단 등 그 효능은 이루 말 할 수가 없다.

한 연구로는 10년 장복을 할 경우에는 여자의 경우 평균 수명이 7.5년 남자의 경우는 4.5년 의 평균 수명의 증가와 80% 이상이 암 예방에서 마시지 않는 그룹과의 차이를 보였으며, 차성분에 함유된 영양소들은 의식을 맑게 해주고 오장 육부의 활동을 원활하게 해주어, 정신을 집중하게 해준다.

차라는 게 참 오묘해서 매번 마실 때마다 색다른 느낌을 주는 참 매력의 산물이다.

또한 우려내는 사람에 따라 각기 다양한 향, 색, 미. 정신을 연출해 내는 종합 예술임에도 틀림이 없다.

차를 접하는 것은 참선이나 명상. 단전호흡 같은 수행법이기도 하다.

차의 경지에 들기 위해선 물, 불, 차, 다구의 최소한의 지식은 갖추어 입문해야 할 것이다.

생차는 다기관 속에서 향, 색, 미의 풀어지는 소리를 들으면서 참 멋을 느끼는 것은 진정 차인들의 깨우침의 과정인 것이다.

숙성된 차는 각각의 고유한 멋과 맛이 음식과 잘 어우러져 21세기에 가장 적합한 음료로 한잔에 가득한 고유의 향들은 놓치지 말고 약 5초정도라도 뱃속 깊이 들이켜 음미하는 것이 좋으며 세 번 정도 나누어 마시면 되겠다.

나는 차기만으로 차의 품질을 알아내며, 차 한 모금으로 비료나 농약, 영양보조제를 사용했는지 안했는지의 여부를 간파한다. 1980년 우연한 기회에 차를 마시기 시작한 후 차에 대한 연구를 계속해오다가 차도가의 길로 들어섰다. 하지만 차 마시는 그 행위 자체만으로도 나는 만족한다.

참선이나 명상 같이 자연스런 참 수행의 길목으로 한 걸음 가까이 다가설 수도 있음을 보다 많은 사람들과 함께 나누었으면 하는 바람이다.

차 한 잔의 여행

내 어찌 그대의 뜻을
알지 못했으리?

멍들린
저 바다의 삶의 무게를
차 한 잔 속에

삶의 온유함
세워 보지 않으리
살아온 열정 흐트러지니

어린 새싹 속에
수천 년의 삶
보지 못한 죄

오천 년
풍파 이겨온 세월 속에
이제 차 한 잔
함께 했으면 그만이지

그저 가기 전
한 잔의 차 속에
나의 삶이 비추어 지리라

7 월

7월은 소중한 달입니다.

찌는 땡 볕에 대나무마저 싱그러움에서 멀어져 가는 듯 하다. 그럼에도 불구하고 스스로 잎을 말아 견디어 내려 하지만, 달라져 버린 환경에 어쩜 절개를 지키는 것이 힘든 모양이었나 보다.

지구 온난화의 영향으로 모든 동, 식물들이 생존에 의한 법칙을 바꿔가고 있지만, 유독 인간들은 인공적인 삶인 풍요로움에 오히려 중독되어 가고 있으니, 이제는 심성마저 말라 버리고 있다.

늘 푸른 초록 잎마저도 후손들이 볼 수가 없다면, 지구상에서 푸름이란 의미가 사라질 것이며, 녹색이 사라진 지구만 존재한다면, 점점 우리들의 마음도 기계화 되고 시들어져 버릴 것이다.

한 예로 물질적인 풍요로움에 허덕이다 상대적으로 수세식 변기의 발견으로 얼마나 많은 식수원들이 오염이 되었는가. 이러한 현상은 우리 생활 주변에 일깨우지도 못한 사이에 그 많은 자원을 낭비한 '편리함'들에 중독되어진 우리 세대들의 자화상이다.

미래는 환경의 적응과 효율성도 중요하지만, 지금부터라도 인간의 가치관과 이상적인 미래의 행복, 희망, 권력, 부의 잣대와 상징성들을 바꿔야 할 때이다.

건강하고 참된 삶을 살아가기 위해서는 욕심과 이기심, 삶을 낭비하게 하는 물질적 중독에 의한 삶과 편리함을 멀리하고, 삶의 수고스러움들이 매순간 열정적인 노력으로 전환될 때 가능하다. 그렇게 됨으로써 우린 삶에 대한 진정성을 가지며, 자연을 사랑 하는 것이다.

사회적 다수의 모순된 행위에서 벗어나고, 거부하기 힘든 유혹에서 벗어 날 때 미래의 희망을 만들어 가는 것이다.

그 시작은 큰 것에서 작은 것으로 전환되어 소유욕이 사라질 때에 가능하다.

육체의 에너지를 사용하는 방법에서 편리함들이 사라질 때 드러나는 것이 자연적인 삶이라 여겨진다. 어쩜 이러한 삶들은 현대적인 삶에서 볼 때 구질구질하게 살아가는 모습일 것이다.

엘리자베스 作

차를 타지 않고 전철이나 대중교통을 이용하고, 음식물 낭비를 없애고, 자연채광을 이용하며, 자연과의 접근을 시도하며 살아가야 한다.

우리가 자연의 소중함을 일깨워 사랑하기 시작할 때, 다른 모든 것들도 사랑할 수가 있는 것이다.

이러한 삶을 살아가는 이들을 우리는 존경하고, 삶의 본보기로 삼아 진행될 때 우리 사회는 참다운 삶과 인간애가 넘치게 될 것이며, 자연적인 삶에서의 지구는 푸름을 잃지 않을 것이다.

그런 사람들이 정치를 하고 교육자가 되고 기업가 등 사회의 책임자 및 리더가 되었을 때 사회는 행복과 온정이 넘쳐 날 것이며, 그런 환경에서 자란 후손들은 미래에 창조적인 삶들이 표출 되어 대한민국은 지구상에서 가장 살기 좋은 참스런 나라가 될 것이기 때문이다.

오늘도 희망을 향해 염원 할 뿐이다.

카

코로나 19

코로나 19

   2020년 새로운 바이러스가 창궐하여 100년 주기설이 현실로 다가왔습니다. 각국의 대처 방안들과 WHO의 대처 방안들이 각국의 경제논리와 정치적 문제로 변질되어 사망자를 양산 시키고 있습니다.

   인간의 욕망과 환경파괴. 가후변화 모든 게 나와는 상관이 없다는 무지에서 비롯되어진 것들입니다.

   페스트, 콜레라, 사스, 전쟁. 이 또한 인간의 욕망이 불러오는 것들이지요.
당장 오늘부터 우리 인간은 공존하는 법을 배워야 합니다.
그 동안의 정책들과 학습방법, 삶에 방식들이 변화를 가져오고 공중보건, 위생에 우선권을 부여해야 합니다.

   먹거리부터 환경파괴 변이 식품들이 아닌 친환경적으로 되돌아가야 하지요.

   21세기의 삶들이 경제 성장의 늪에서 헤어나지 못한다면 100년 주기 설이 아닌 인간들의 욕망에 비례하여, 바이러스들은 우리의 삶 속에서 편리함과 이기주의 형태속에서 많은 이들이 숙주가 되어 사망의 대열에 합류하게 될 것입니다.

타

타향살이

타향살이

고향산천 애절함을
차 향에 달구어
흩어지는 구름 속에 머물고 싶다.

폭풍우에 마음은 흙탕물이 되고,

그리움만이 세월을 붙잡아 머무는 곳
내 마음 속 이었구려

쇠로에 달궈진 이 마음
단지 오늘 만 이였던가.

고요함에 드디어
평온과 강건함을 느끼고 있었을 뿐이였다.

파

풍요로운 나의 정원

풍요로운 나의 정원

　고즈넉함 속에서 자연의 연계인 듯 이틀째 봄비가 쉼 없이 대지를 온통 물컹하게 만들어 놓았다.
　보름 전 텃밭에, 여름 식단을 봄비에 앞서 조금 일찍 준비해 두었다.
　오이 모종과 수국 옆에 단 호박, 무궁화 가장자리의 애호박, 고추, 가지,
　뽕나무 그늘에 포도나무, 대나무 밭에 상추, 깻잎, 물기가 있는 곳에 미나리와 토마토, 비숍나무, 황금송 분재 옆에 신선초, 복숭아나무 주변에 작약 등을 심었다.

　마늘과, 양파는 어느새 한자는 족히 올라 와 바람결에 흔들리고 있었다. 다들 바람과 토양, 봄비, 태양의 조화로 무럭무럭 자라고 있다.
　나의 정성도 아랑곳 하지 않고 밤새 내린 찬 서리에 30여 오이 모종은 생명력을 틔워 보지도 못하고, 시들시들 앓더니 말라 비틀어져 버려 이젠 거

우 자리를 틀었던 모양새만 남아 있다. 작년에 많은 오이 수확을 하여 이웃 지인들과 나누어 먹었던 맛을 잊지 못하여, 올해에는 봄비의 수고로움을 덜기 위해 물컹한 대지에 오이 씨앗을 60여 개 심었는데, 이렇게 자연은 스스로 알아서 자연의 기운을 대지에 전하여 주니, 다음 주말에 오이의 새순들을 볼 생각을 하니 설레임으로 기다려 진다.

박병준 화백 초기작품

오늘은 찻잎을 따 덖어, 손님을 맞이하는 즐거움도 누리기 전에 삶들이 풍만한 하루다.

자연은 하루가 다르게 대자연과 인간의 삶의 향연의 조화와 균형을 다잡아 시작되어지고 있지만, 홀로 보내온 짧은 5년의 삶에, 내 자신은 어디에 있었으며, 어떠한 배타적인 삶에 사육되어지지 않았나. 조심스레 반성도 해 본다.

그저 쉼 없이 정원을 가꾸었던 열정들은 더 많은 결실을 가져다주고 있을 뿐이었다.

나의 소박한 정원과는 너무나도 다르게 아직도 내 자신의 삶에는 일상생활의 번뇌와 갈등들이 존재 되어 있으며, 물질적인 삶을 벗어나지 못한 삶

자체의 욕심의 근원이 문제였을 뿐이었다.

  오늘도 자연이 나에게 선물한 '풍요로운 정원' 안에서 부족함과 넉넉함에 끝이 보이지 않은 일상의 숙주가 되어버린 나의 물질적인 삶에서 벗어나야겠다는 생각에 잠긴다.

분수와 정원

하

행복은 나의 것

행복의 시작
현명한 지혜
학문 탐구의 목적
한 잔의 물
한국의 막걸리 문화
행복과 불행은 함께 공존한다.
하나의 삶, 하나의 죽음
한해를 마무리 하면서

행복은 나의 것

　우리의 일상생활에서 관습화 되어진 사회의 권위주의가 사라져 가고 상생의 마음 씀으로, 우리들의 주변 환경적 삶들은 평온한 환경과 가치 있는 삶을 추구하는 데에 보다 더 낳은 삶을 추구 할 수가 있는 것이다.
　다소 불편하고 부족하더라도 우월적 삶의 욕심을 절제하니 주변 환경적 삶들이 풍요로워 지고, 검소함으로 나눔을 실천하니 행복이 이웃에 깃들어 있었다.
　이러한 행복한 마음으로 서로를 존중하니, 주변인과 더불어 삶은 더욱 풍만함으로 가득해졌다.

　그동안 왜 미리 욕심을 버리지 못하여, 자신의 오염된 삶을 바로 보지 못하였던가.

세상의 불행과 풍족한 행복의 삶은 모든 것이 다 내 것이었는데 욕심에 욕정을 비우니 행복함만 남아, 세상의 모든 것이 네 것도 아닌, 다 내 것이 되었다.

19세기 명화

행복의 시작

 물질력에 구속되어져 삶에 의한 행복을 추구하기란. 오히려 삶을 더욱 낭비하며 헛된 인생을 보내게 하는 것들 이었다.

 삶 동안 편안하고 여유롭고 넉넉한 마음으로 자리를 틀려면 자신들의 열정적인 삶으로부터 게으름들을 떨쳐버리고 부지런함들을 키워나가야 한다.
 삶에 열정과 밝음들이 지혜를 닮아 고착화 되어버린 가치관이나 장애적인 성격, 비만해진 몸뚱이들을 먼저 정돈하는 것들이 우선시 되어져야하는 것이다.

 우리의 '삶'이라는 것은, 물론 죽음이 존재하지만 그럼에도 불구하고 죽음 직전까지는 삶을 잘 정돈하여 마감해야 하는 책임과 의무가 있는 것이다.

이미 많은 이들이 삶을 낭비하며 살았다. 이들의 공통점들은 물질력에 의해 정신과 몸, 마음들이 욕심들로 가득하여 자신들 스스로 환경적 불합리함들을 생성하였으며, 물질력에 허우적거리다 삶의 혼돈과 분열, 이기적 마음 들이 생겨나고, 몸들은 비만해져 한 점 먼지 같은 재물을 움켜쥐고서 죽음을 맞이하는 자들이었다.

결코 물질력에는 생명력들이 존재하지 않는다. 물질력에 우리 인간들이 어떻게 생명력을 불어 넣는 가! 에서 삶의 답을 찾아야 할 것이다.

물질이란 쓸수록 환각과 물질자체에 중독되어 가는 것들 이였으며, 시간에 구속되어 더욱더 삶을 얽매이게 하는 것이었다.

삶 동안 베풂이나 부지런함, 참다운 열정적인 삶들은 혼돈의 삶을 예방해주는 것이었으며, 마음을 살찌워 줌으로써 풍요로운 마음씀들이 생겨나고, 그것들이 지혜와 연계되어 삶 동안 여유롭고 고요한 생명력들을 지속시켜주는 것이었다.

어둠과 밝음은 서로 상대적이나, 모두 나의 한 마음속에 존재하고 있는 것들이다.

생명력을 찾으려거든, 생명력이 존재되어진 자신들의 주어진 환경 속에서, 고착화 되어진 자신들의 가치관으로부터 바른 습관을 실천하는 작은 일들이 생성되어져야 할 것이다.

마음을 밝고 아름답게 활용하는 것은, 마음 뿐만아니라 자신의 몸, 손, 발들이 부지런하게 움직여져야 하는 것이다. 결국 마음으로부터의 실천이 지금 시작되어야 한다.

살아생전 잘 살아야 겠다는 것, 행복을 추구해야 하는 것으로써 물질적으로 풍족해져야 한다는 의미에서부터 진정한 행복추구에 의한 의미와 구별되어져야 할 것이다.

모든 것들은 나의 마음 속에 욕심을 비웠을 때, 행복감들이 존재되어 생명력이 싹틔워지는 것이다.

1780년 F.N 作

현명한 지혜

많이 배운다 한들

자신의 몸 하나 알겠는가.

덜 배웠다 한들

욕심을 모르겠는가.

하늘과 땅 사이에서

그저

주어진 삶에 올바르게 적응하며

살아간다는 것은

현명한 삶을 통한 자유스런 삶이 아닐는지.

도예가 김영수 作

학문 탐구의 목적

　삶의 기본 축이 되는 학문 탐구는 평생 동안 노력해야 할 삶의 과제인 것이다.

　그럼에도 불구하고 이미 학문의 영역마저도 비대해질 때로 비대해져 이윤추구와 경제력들의 쏠림 현상들이 참다운 교육을 붕괴시키는 진행형이 이어지고 있다.

　참된 삶을 추구해야할 학문은, 수많은 이해관계들이 얽혀, 균형을 잃고, 제 기능을 하지 못하고 있다.

　학문 탐구의 본질이 지식 탐구로써의 기능을 되찾고, 자아를 발견하는 장으로 회복되어야 할 것이며, 경제력의 대안현상에서 벗어나 욕심들을 버리고 학문을 탐구해야 할 것이다.

　높고 낮음의 벽을 생성하지 않고, 끝이 존재되지 않는, 참되고 고귀한 학문을 쌓기 위해선 우선적으로 자신들의 건강한 육체와 정신, 마음에의 체질개선이 이루어져야 할 것이다.

학문을 습득함에 마음을 다잡지 못한다는 것은, 마음과 정신의 준비가 덜 된 것이니 매 순간 마음을 다잡아 평생의 숙원의 염원으로 접근하여야 하는 것이다.

학문 탐구를 목적으로 하는 마음의 자세란, 계절이 변화하듯이 마음과 학문이 함께 영글어 가는 과정으로도 볼 수 있을 것이다.

학문은 지혜로 활용되어, 삶의 근원이 되는 반석이 되어야 한다.

박물관 관장 시절 많은 이들로부터 질문 받은 유물 복원 내용을 요약한 것이다.

1. 재질을 먼저 분석 한 후, 소멸 상태를 확인하여 접근을 시도해야 합니다.
2. 소멸 상태에 따라 공정을 설정하고 같은 재질의 재료를 준비 하십시오.
3. 구조적인 실측 조사 및 과학적인 복원을 하셔야 합니다.

4. 재질 내 이물질 제거를 충분히 하셔야 복원 후 상태가 깨끗합니다.
5. 꼭 분자물질까지 1,2 단계까지 경화처리 하셔야 합니다.
6. 온도, 습도, 보존 처리제 변형, 현상제거는 꼭 확인 하여, 농도 및 양을 정하십시오.
7. 꼭 재질적인 부분과 처음상태를 근거로 보존 처리를 하여야 합니다.
8. 유물 처리 후 보존의 환경관리는 알맞은 온도 및 습도조절과 통풍이 잘되는 곳에 소장 하십시오.
9. 문화유산은 그 무엇과도 바꿀 수 없습니다. 후손들을 위해 정성스런 마음가짐으로 소장, 유지, 보존 되어야 합니다.

조선왕실 봉황문 백동장식 3층장

한 잔의 물

빈손으로 생성된 무미한 삶이여

욕심을 부려본들, 소유할 수 없어
한 잔의 물로 욕망을 잠재운다.

그 색에 취한들
깨달음으로 바람처럼 사라지는 것

맛도 없는 것이, 색채도 없더니만

삶의 의미도 일 깨움도
물맛을 겨우 알아 가더니만
백발이 친구가 되었네.

한국의 막걸리 문화

막걸리는 한국의 비빔밥과 같이 조화로움이 담겨 있다.

식이섬유를 비롯하여 살아있는 효모와 비타민 B.C.유산균을 얻을 수 있으며, 은근히 취기가 올라 지속성에 건강도 챙기고, 여로모로 1석 3조의 효과를 발휘하니 말이다.

막걸리는 우리의 부모님들이 힘든 노동 후에 영향학적으로 허기를 달랬었던. 삶. 노동. 희망을 담아 마셨던, 삶의 애환과 즐거움이 녹아 있는 한국적인 문화이다.

아무리 현재 웰빙으로 자리를 잡아 간다 하나, 삶의 진정한 이유를 만들이 뒤섞어 막걸리를 마신다 한들, 노동 후 주옥같은 땀을 훔치며 곡식과 한해의 삶과 다음해의 풍년과 가족들의 소망을 담아 마시던 그 진한 향취를 이 시대에서도 맛볼 수가 있을까 싶다.

지속적인 문화의 정체성이 깃들지 않고는 그 문화는 다른 유행성 삶들에 결국 사라져 가는 것이 또한 문화이며 삶의 욕망을 불러오게 하는 것 또한 문화일 것이다.

누룩을 빚어 정성스레 맑은 물로 일 년의 힘든 노동으로 추수한 쌀로 고두밥을 만들어 잘 섞은 다음, 옹기에 담아 온기가 넘치는 아랫목에 이불을 덮어 자연 숙성시킨 후 걸러 마시던 한잔의 막걸리는 '삶' 그 자체였으리라.

현실 속에서 무슨 고리타분한 이야기라고 말 할 수 있겠으나, 한국의 혼이 깃든 우리의 문화와 우수한 문화를 공유한다는 것은, 그들이 그 문화의 진정성을 느끼고 한국적인 참다운 삶에 노출 되었을 때에 비로소 한민족의 문화는 세계 속에서 질적으로 살찌워 질 것이다.

군청박지문 백자후리병 (조선시대)

행복과 불행은 함께 공존한다.

행복함의 느낌은 무엇으로 다가 오는 것일까.

불행하지 않으면 행복한 것이라 생각 되지만, 불행과 행복은 항상 내 마음속에 함께 상존함을 느낀다.

엊그제 직업상 약 2미터 높이에서 옆으로 떨어진 것이 너무 고통스럽지만, 뼈에 약간의 금이 간 것이 그나마 불행 중 다행이다.

총기 사고나 폭발물 사고, 유독가스 사고가 아니어서 고맙고, 얼굴이 약간만 찢어졌으나 큰 흉터가 없어서 고맙고, 죽지 않아서 행복하니, 불행과 행복은 함께 존재함을 불혹에 들어 깨우침을 얻으니 이제라도 이 또한 감사 하지 않을 수가 없다.

운전하기도 힘들 정도로 정신적 갈증이 밀려들지만 그래도 가고 싶은 곳 가고 하고 싶은 것 다하고 살고 있으니, 감사 할 뿐이며 행복하지 아니한가.

보이는 신체의 장애들은 보는 시각에 따라 보는 것이 오히려 장애가 되는 것이다.

정상적인 사람들의 관습화 되어진 습관들이 오히려 정신적 장애나 사이코 패스인 자들이 많은 것을 보더라도 말이다.

사람의 힘으로 되지 않은 것은 없다 하나 불가항력이라는 것도 있으며, 직업상 위험하고 다치지 않는 삶들의 직업들이 얼마나 되겠는가 싶다.

고통 속에서도 참 행복을 느낄 수 있다는 것이 참으로 행복 할 뿐이다.

언제 그랬나 싶을 정도로 일주일 후면 이러한 아픔과 상처도 잠시 왔다 가는 것이 된다.

삶을 연계하면서 얼마나 많은 상처를 받고 스스로 치유하는 삶을 살아 왔었던가!

그때의 기분을 지금 빌려와 맘껏 누려 행복하게 고비를 넘겨야 하겠다고 오늘도 마음 다잡는 것이, 행복의 길로 들어서는 길이었다.

소녀와 배

하나의 삶, 하나의 죽음

필부건 범부건 하나의 삶 이었네

깨우침이 있었다 한들 없었다 한들

사라지는 삶 채워진들

비워야 하는 삶 정해진들

번잡함속에 부질없음이 드러나더니만

이제야 속절없는 느낌으로 밀려드네

어느덧 봄이런가 하더니
겨울 눈꽃이 만발 하였더라.

조선중기 금불화

한해를 마무리 하면서

세상살이가 연말이 되면 괜히 들뜨고 번잡해져 간다.
하지만 어려울 때 일수록 혹은 들뜰수록 나는 자신에게 한번 최면을 걸어본다.
언제부터인가.
나는 '차 한 잔'을 마시면서 그런다.

한 잔을 마시며, 한 번만 더 참자, 한 번만 더 즐거움, 기쁨, 슬픔을 자제하여 자신에게 도움을 주자고 다잡아 본다.

두 잔을 마시면서, 아직은 나에게 삶의 목적인 열정이 남아있으며, 세잔째 마시면서, 아직까지는 삶의 희망을 포기하기엔 늦지 않았다고 항상 스스로에게 말한다.

네 잔째 마시면서, 지금 이순간은 목표를 향해 가고 있기 때문에, 차를 마시는 중이라고 스스로에게 속삭인다.

다섯 잔째 마시면서, 이렇게 차를 마시는 것이 삶의 행복이라는 느낌을 갖는다.

여섯 잔째, 다시 정신과 마음과 몸을 다잡아 참된 에너지를 생성하게 되고 일곱 잔째, 정신에 평화로움과 자유로움을 느낀다.

한 해 마무리 잘하시고 도와주며 살아 보는 사람이 되어 봅시다.

군청음각국화문백자주병

Why Owns Dockdo Island?	222
Government Leaders Must Have a Guiding Vision	230
CHA About the Korean Tea...	238
King Sejong's Greatest Legacy	246
Traditional Korea Meal	249

Why Owns Dockdo Island ?

Dockdo is a small cluster of volcanic islands made of lava located in the East Sea of Korea, lying strategically between Korea and Japan.

There are two main island, one to the east, the other to the west and 78 small sucken rocks. These are the Mulgae (Fur Seal) rock, Dokripmon (Liberation Monument) rock, Chotdae (Candle Stick) rock and Eolgul (Face) rock, Dockdo was designated as a wildlife protection area named Korea's Natural Heritage site # 336 Dockdo is owned by the Ministry of Fish and Maritime Affairs, managed by the Maritime and Ports Administration. The main islan to the east, 17.7 billion won were invested to build Dockdo port facilities with an 80 meter main pier, a 20 meter small pier and a 137 meter entry road.

This was on November 11 th, 1997.

When the project was completed, a monument was erected. It reads "on the easternmost part of the Korean peninsula we instilled our Korean spirit by putting the angry and billowing waves into a deep sleep. Now Dockdo is under our control."

We should take more proactive measures to claim Dockdo as ours at a time when the Japanese government is more committed to making Dockdo its territory than the Korean government. We have to hold the incompetent government responsible for the situation and immediately demand the abolition of or changes to the New Korea-Japan Fishery Agrement. The issue of Dockdo is not just a one-time protest against Japan based on nationalistic sentiment nor a baseball game where either wins or loses. It is a serious matter between the two nations.

During the Russo-Japanese War, Japan committed a horrific crime by secretly incorporating Dockdo belonging to Korea into its territory, because of the strategic and military significance of the island. Japan has a plan to secure its homeland defence line, also the Marine Self Defence's route to oil exploitation, linking the Kuril island - Sakhalin - Donghae (Dockdo) - Joeodo (Sengakudai) - Persian Gulf by annexing Dockdo to its territory.

In addition to its military and strategic value, Dockdo is receiving attention as a new place for people to live in the 21st century.

Dong Hae, the body of water surrounding Dockdo, is known as the East Sea of Korea and is a treasure trove of maritime resources. The first time Dockdo appeared in historic documents was in "Samguksagi" compiled by Kim Busik in the Koryo era. According to the book, Ulleungdo and Usando (now Dockdo) comprised an independent administrative unit. In the 13th year of King Jijeung (512), the Shiilla Kingdom conquered Usanguk. From that point, every year, Usanguk paid tax to the Shilla

Kingdom in the form of local products.

The late 17th century saw the first dispute over the territory with japan. It happened during King Sukiong's rule because of the activities of civilian An Yongbok.

The dispute involving Ulleungdo and Dockdo came to an end with japan admitting its culpability and sending a letter of apology to Chosun Dynasty leaders. In that letter the Japanese government gave up its rights to the territory of Dockdo Island.

In the year 1900 (the 13th year of the King Kojong era), the 4th Decree of the Empire of Corea renamed Ulleungdo to Uldo and established a new independent administrative unit for Ulleungdo and Dockdo.

However, based on the 1904 Chosun-Japan Protocol, the Navy of Japan established a military unit on Dockdo. The Shimane prefecture of Japan, on February 22, 1905, announced that Takeshima (Dockdo) shall be incorporated into the Shimane prefecture. Japan made this announcement to the Empire of Corea in April 1906. But with the defeat of the Empire of Japan, the highest command of the Allied forces declared Dockdo shall be separated from Japan's territory and returned to Korea.

(SCAPIN No. 677) with the establishment of the Republic of Korea in the south on August 15, 1948, the government took steps on January 18 to give Dockdo an official administrative address. On that day in 1952, Korea announced "the President's Declaration on the Sovereignty of the Neighboring Sea", commonly known as the peace Line. Ten days after the announcement Japan sent a diplomatic letter to Korea saying Dockdo lay within its territory, contradicting Korea's claim of ownership.

Fierce disputes through diplomatic letters between the two governments followed.

In addition, the Japanese government landed officials and young people boarding from its patrol boats on Dockdo on June

27, June 28, July 1 and July 28 of 1953.

These were people kicked out by the residents of Ulleungdo by forming the 'Dockdo Volunteer Guards'. After that, Japan claimed territory rights over Dockdo.

Since the late seventies, many japanese government officials, including the Prime Minster and the Minster of Foreign Affairs, have declared that Dockdo is a japanese territory, causing diplomatic disputes.

In 1996 the declaration of the EEZ (Economically Exclusive Zone) by the Japanese government provoked another fierce territory dispute over Dockdo, resulting in the 1998 new Korea-Japan Fishery Agreement. One of the reasons the Japanese may be so adamant about claiming Dockdo for its own is because of the discovery of oil and natural gas beds within 200 kilometers of the EEZ. The New Fishery Agreement stipulates that 35 nautical miles from Ulleungdo and 35 nautical miles from Okido are the economically exclusive zones of both Korea and Japan.

The sea surrounding Dockdo which falls in between is included in "middle water".

After the agreement was issued, some residents in the Shimane prefecture in Japan changed their census register to Dockdo, prompting a campaign to change census registers to Dockdo among korean civic groups. Japan had already known about the secret of oil and natural gas buried under Dong Hae or the East Sea of Korea, within Korea territory.

China is also very interested in this territory for the development of energy. Not only are the tensions evident between Korea and Japan, but also there are also growing tensions between Japan and China as well.

For Korea and Japan, the arguments currently taking place could lead to a possible war. The Japanese are very strong in their desire to claim Dockdo's rich natural resources. Given their history of militarism during World War II, it would not be surprising to see more activity in that area.

The people of Korea must correct history rewritten by Japan regarding the ownership of Dockdo Island. Citizens must fulfill their obligation for mandatory military duty in order to be prepared for the threat of war. If we have learned anything from the history, it would be the tragedy of losing sovereignty over territory belonging to Korea.

Though we have now moved into the new millennium, some Japanese government officials are still in the grip of imperialism. They are still claiming that Dockdo belongs to them. It is a significant issue that it is causing frictions between the two countries. Some believe this situation could lead inevitably to peace of mind.

Government Leaders Must Have a Guiding Vision

I would like to use this space to recommend a truly inspirational place to visit.

It is Springwood Mansion, the childhood home of the American president Franklin Delano Roosevelt.

The 32nd president of the United States, FDR was truly one of the greatest leaders the world has ever seen. He lifted the country out of the Great Depression of the 1930s, and he is famous for his leadership in bringing the United States and Allied Forces to victory during World War Two.

He also achieved many great accomplishments not widely realized by the general public, such as the establishment of the social security system, laws governing the stock exchange and other progressive programs under his policy of the "New Deal."

In reflecting on the achievements of this great American president, I cannot help but compare his philosophies of government with those of Korean leaders. As a proud Korean citizen, I am disappointed by the frequent rewriting of history, which gives us an inaccurate map with which to chart the future.

Government leaders must unite to figure out how to solve this crisis wisely.

They must make sure that they select the most talented officials who can set the country on a path lit by great vision, with efficiency, accuracy, and, fairness as the primary goals.

Advisors to the president must recognize that they play a critical role in the future of the country. Their capabilities, their honesty, their sense of history and equality can directly affect the success or failure of our nation.

There is no economic solution that can be a cure-all for market economy problems. The Korean economy is not an open economy and this has drawn criticism from around the world.

The Korean economy which grew so fast was once billed as one of Asia's economic tigers, though it now shows signs of weakness.

It has lost momentum because of a falling population of workers, the backwardness of economic policies, the government's refusal to open the markets, and a lack of efficiency in the market economy.

Korean people need to be aware of the problems, inefficiencies, and corruption within the government and demand a change. We deserve better.

It is also necessary for many Korean people to re-evaluate

their priorities and determine what is important and what is trivial. For example, the current emphasis on wearing brand name clothe, such as Louis Vuitton or Prada or to wear the right king of shoes, such as Jimmy Choo or Manolo Blahniks, ths king of emphasis, is simply too materialistic and superficial.

The wealthy in our country have a tendency to make money quickly and then spend it just as quickly. There is a phrase in the United States, easy-come, easy-go, that describes this tendency. The amount of money that anyone makes should not be a measure of his success or his stature in society. What distinguishes a human being is what he carries in this head and in his heart, not simply what he wears, what kind of home in which he lives, or what kind of car he drives.

People who may not have as much money are often struck by jealousy, or the desire to

This kind of behavior is wrong.

If people would fully use their brains and think about what is important, they would understand that they need to revise their way of thinking and modify their behavior.

As a whole, the Korean people have to elevate their ways of thinking and become more thoughtful and sophisticated in their pursuits.

This can be accomplished through higher levels of education. We need to elevate the entire population in terms of intellectual enlightenment. This will bring about more prosperity, happiness and success for all of the people, rather than just a select few who have learned how to manipulate the system and work it to their best advantage.

Against this backdrop, we need leaders who carry a great vision for our nation, people who can carry us into the future with a sense of destiny that marks our place in the world with dignity and moral truth.

I would like to believe that we will soon see a president who will go down in history as one of the greatest ever known, someone who will have the historical stature and respect of FDR.

One place where you can get a sense of the man and how he was shaped is his birthplace, the home where he was raised.

If you ever have a chance to visit the eastern part of the United States, or to venture near the Hudson River in New York, I would like to suggest you not miss a place where you will learn a lot and come back changed.

Springwood Mansion
Franklin Delano Roosevelt's Childhood Home and Museum

From the New York State Thruway (I-87): Exit 18 (new Paltz) takes 299 easts to 9W south, follow signs to Mid-Hudson Bridge. After bridge crossing follow overhead signs to Route 9 north. The park entrance will be about 5 miles on the left.

From the Taconic State Parkway: Northbound vehicles exit at Route 55 west (Poughkeepsie). Follow Route 55 west to Route 9 north. Located approximately 5 miles north on Route 9. Southbound vehicles exit a Red Hook onto Route 199 west. Take Route 308 from Route 199. Proceed to Route 9 south (left hand turn at light). Located approximately 12 miles from Rhinebeck on Route 9. (NOTE: commercial vehicles are not allowed on the parkway)

From New York City: Henry Hudson parkway (Route 9A) to the Sawmill River parkway to Taconic State Parkway. See Taconic State Parkway (northbound) directions above. OR- Proceed north on the Palisades Parkway to the New York State Thruway (I-87). See directions from New York State Thruway (I-87) above.

From long Island: Proceed west on the Cross Bronx Expressway to the New York State Thruway (I-87) northbound. See directions from New York State Thruway (I-87) above. OR- cross the Throgs neck Bridge, follow I-95 to the Hutchinson River Parkway north to I-684 to I-84 west. Take exit for Taconic state parkway north. Follow directions from the Taconic State Parkway (Northbound) above.

From New Jersey: Proceed north on the Garden State parkway onto the New York State Thruway (I-87). See directions for New York State Thruway above.

CHA
About the Korean Tea...

The Korean Tea Ceremony is highly evolved with a strictly defined set of procedures to prepare and to drink tea with the aim of training both the body and mind.

Tea leaves have the ability to help detoxify the body. korean people have enjoyed the general populace. Though many people regard Chinese tea in high esteem, the reality is that the production of tea leaves become affected recently by pollution from the growing number of factories.

The quality of soil has also been diminishing, affecting the taste and favor of the leaves. The quality of the leaves produced in factories also cannot compare with the quality of the leaves grown in the fresh, pure air of the Korean countryside and organic ground. There is loving care given to the production of this leafy treasure. While there are great amounts of Chinese tea in mass production, that of Korean tea is more limited and therefore, it is a rarer commodity.

Other countries could learn much from the reverence and seriousness given to the production and consumtion of tea by there Korean people. There is a beauty in the process. Every step of preparation is important. It is started by boiling the water at 100 degrees. The fire should be stocked to a modest level.

Very critical thing to the preparation is washing of the tea set, infusing a small amount of tea leaves, pouring the water in, pouring and serving the tea, drinking it, infusing more tea, then drinking again.

Hot water should be poured into the cups both to clean them and then to give heart them in preparation for receiving the tea.

This is very important to maintain the flavor. If the water for the tea is poured into cold cups, the water cools down quickly, taking away from the full flavor of the tea. When water is poured out of the tea cups, a towel should be pressed to dry off any water that remains.

"Malcha" is a tea made from ground leaves and is the easiest kind to prepare.

Again, there should not be a large temperature gap between the cups and the water when preparing Malcha because differences of temperature profoundly affect the flavor of the tea. The pace and strength of the tea drawn depends on water temperatures. If the water is too hot, it can destroy the vitamin C in the tea, leaving it less sour.

The higher the temperature the more caffeine is drawn, giving a sour, bitter taste.

More unfermented polyphenol is drawn as well. Tasty amino

acids are drawn at temperatures between 60 and 65 degrees, so slightly hot water makes tea less bitter and less sour. Usually a temperature of 90 degrees is appropriate for green tea. Since the best quality of the teas have more amino acids, caffeine and vitamin C but less fiber, it is good to let the water cool to 70 to 80 degrees.

Only when tea and water are mixed in the correct proportions can make the true flavors emerged and the taste can be enjoyed. The amount of tea leaves used variously depending on type of the tea, the volume of water, and the individual preference of the drinker.

Generally, it is appropriate to use one to two grams of tea leaves per person.

Young tea leaves are thin and have more caffeine, so it is better to use a smaller amount. Matured leaves or fermented tea need to be used in greater amounts.

Dried leaves shaped like flat pine needles or crushed leaves weigh more relative to their volume so it is better to use less.

There are three ways of pouring water into a tea kettle. Firstly, there is the method of infusing the leaves before pouring hot water. This is the popularly used method today. Secondly, there is the method of alternating tea with hot water. First, hot water is poured, then tea, then hot water again.

When preparing the tea set for only one person, this is the preferred method since the hot water heats the tea cups. Finally, there is the method of pouring water first, then infusing the tea. This method was traditionally used during the summer months, and is the least popular method in use today. In the case of "Malcha", a tiny teaspoon or a big spoon is used to drop tea into the center of the tea kettle. Water is then poured. The correct proportion is one-fourth to one-half teaspoonful of tea to fifty to seventy milliliters of boiled water. The drawing time refers to the time it takes for the leaves to become flat. Most leaves turn flat two or three times during the drawing process. The first drawing takes less then one minute and high quality green tea takes double at a low temperature. Since caffeine dissolves faster polyphenol, the tea will taste bitter if the drawing takes too long. Brewed tea is poured into a tea kettle and then into the tea cups.

A tea pot is very convenient since it can be used to make any number of cups of tea. Also, since it makes quests feel as if they are sharing the experience by sharing the pot is often desirable. Without a tea pot, tea is poured directly into the cups.

There is a protocol to the order in which it is served: host, quest and then special quest. it is customary to serve the elderly or high class person first.

Tea etiquette refers to established behaviors used in serving tea and it has been declared that tea is the most appropriate beverage for a intelligent and decent person.

In the process of drinking tea, the first rule is to enjoy the scent of the tea, drink, pour more water into the pot, sleep the tea again, and then drink.

If the tea is brewed two times or more, the water should be hotter each time, in order to produce more tannin.

After the tea is served to every quests, the host bows and exhorts him to help him and drink.

The right gad holds the cup and the left hand supports the bottom of the cup.

If the cup is big, both hands are used to hold the cup and drink two or three times. When drinking Malcha, the quests drink tea under the direction of the host.

The cups are held by both hands. All present drink slowly at one time. The scent and flavor of tea also enhance the flavor of the Korean traditional cakes that are served with the tea.

"Han-gwa", "You-gwa", and "Yak-gwa", were a varied assortment of delicacies that could be made with wheat Flour, oil, honey, sesame seeds, and sometimes a tinic for enhancement of the health.

As Malcha tends to stimulate the stomach, it was customary to eat these traditional foods while drinking the tea.

A person enjoying his tea under clouds and moonlight was regarded as having a graceful and noble way of life. This way was seen as a shortcut to enlightenment. The tea ceremony was very popular among Zen learners not just because it calmed the mind and produced a sense of serenity.

Buddhists held tea in high regard. "How can we say it is too far away to achieve great enlightenment while taking a deep breath from the pure clean spirit of tea".

The famous writer Jeonghui, Kim wrote that tea and Zen are connected like one body. The art of the korean tea ceremony takes relatively simple tasks such as lighting a fire, and boiling and pouring water and elevates them into a noble process with findly detailed care and effort.

King Sejong's Greatest Legacy

The unique characters of the Korean language were established in 1443, twenty five years after the inauguration of King Sejong, and published in 1446. Hangul is the modern name for "Hunminjeonghum". "Hunminjeonghum" refers to characters used to educate citizens and it has diverse names such as Eonmun, Eonsuh, Banjeol, Amkeul, Ahaetgul, Gagyagul, Guksuh, Gukmun and Chosungul. Eonmun means demeaning characters using low-class words, so it was widely used as a nickname for hangul, originally considered lower class compared with Chinese characters. However, in the modernization process, those diverse names were integrated into Hangul with heightened awareness by the general public.

Hangul has been evaluated as the most scientific character system in its uniqueness and efficiency of symbol combinations. It is easy to distinguish vowels from consonants.

Specifically, vowels represent the location of the lips and tongue.

Hangul, the most outstanding of the many cultural and practical achievements of Korea's 15th century "Confucian humanist" monarch, King Sejong the Great, was invented by a committee of scholars under direct royal supervision. The phonetic alphabet, a system still in use today, has given Korea one of the highest literacy rates in the world. Before Sejong's time, Korea, like many Asian countries within the sphere of China's cultural influence had used complex Asian ideographs. Sejong's experts devised a simple phonetic system of 26 letters that accurately represented all the vowels and consonants of Korean. Though the system was not widely adopted until the

20th century, today it is universally used, with foreign ideographs used only for paper names and abstract concepts. King Sejong's 500-year-old invention continues to benefit Koreans today. It is the legacy of a truly enlightened ruler.

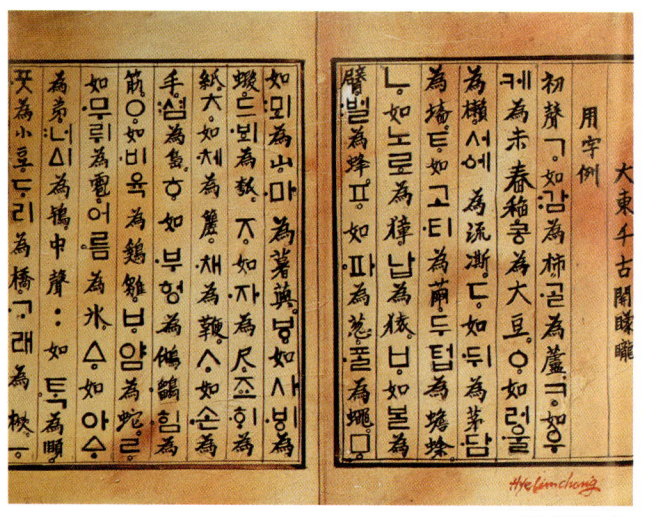

그림 장혜림 作

Traditional Korea Meal

Korean food is one of the most pleasant discoveries a neophyte traveler will make during his visit here.

Korea's unique cuisine is another aspect of the nation's distinctively different culture. Neither its ingredients nor its seasonings resemble the dishes of any other country, near or far.

Most Korean foods are boldly spiced, carrying the blended tang and savory goodness of red pepper that can range from hot to sweet, garlic, onions or leeks, sesame seeds and oil, and soy sauce. However, the flavoring can also be subtle in delicate soups, regal casseroles, fragrant white rice and all the other special dishes based on rice, including decorative rice cakes for special occasions.

Among the most popular dishes, besides the ever present white rice, are the tangy barbecued beef strips known as bulgogi, "fire beef" and ribs, known as "galbi", cooked at the table on charcoal braziers.

There is also the beloved traditional dish known as "kimchee". Korean kimchee is pickled in a pungent salt brine with red hot pepper, garlic, ginger, green onions, chives and fresh anchovies. Pears are often used to impart a special freshness. A variety of vegetables can be used in the pickling process, but the cabbage is the most familiar.

Kimchee is thought to be a health food because it is made from fresh, organic ingredients. It is also thought to aid the digestion, speed the metabolism, and keep the body in balance.

Kimchee is more flavorful than that made by the Japanese, who tried to copy the Korean style of kimchee, but their version is very different. And does not use the fermentation process that fives kimchee its special, unique flavor. In ancient times, kimchee was enjoyed not only by the common people, but also by kings.

A legacy of the Korean royal kitchen is the "Kujolpan", a banquet in itself, in which intriguing fillings are mixed and rolled up in tiny pancakes like miniature tortillas.

Not found everywhere, but a dish fir for a king.

Korean foods range from the bland to the blistering peppery kimchi, delicate stews and soups, and intriguingly seasoned side dishes of vegetables, fish or meat.

그림 장혜림 作

작품목록

10 사슴 반 다크 50×69cm oil on canvas 1800년대 초기작

11 라즐로 作

15 금불화 25.5 x 53 조선중기

17 선비장 조선초기

23 히말라야 JPK. 해커 73×58cm oil on hardboard 1900년대작

24 조선 막사발 (찻 그릇)

26 세계 최초 황토 화가 삼경 박병준 作

31 농부 플라톤 김 74 x 59.5 oil on canvas 1994 일본미술대전수상작

37 Asia F.R.S. 지도 (왕실지도제작회사) 1700년대

43 독립운동가 33인중 월남 이상재 글

47 백자 차 주전자

51 행인 나두치 50×60cm oil on canvas 1950

55 K.B.S 평창 올림픽 개막전시작 장혜림

60 갤러리아 쇼 상설 쇼룸

64 조선 금장 칠보 차 주전자

71 까뮤 作

75　박병준 화백 초기작

79　삼경 박병준 화백

83　홍익인간 박병준 서각

85　조선 중기 태극기 촛대

86　18세기 명화

88　박병준 화백

91　최후의 만찬　작자미상　51×28cm 1800년대작

94　19세기 성모마리아

103　점.선.면 박병준 화백

107　백마 작자미상 25 x 19.5 oil on hardboard　1800년대작

116　조선 초기 황지에 그린 불화

119　조선시대 화조도

125　18 x 24 실크에 먹, 당채 물감 1800년대 중기

127　흑백상감 국화문 팔각청자 지통 고려중기 주구 8.5 높이 14.5 몸통둘레 27.5

129　미당 서정주 42.5 x 32.5 원본시

135　PSB 作

작품목록

- **136** 누드 호프만 49.5 x 74.5 oil on canvas 1900년대작
- **143** 개척시대 엘리자베스 S.B. 30 x 26 oil on canvas 1839
- **151** 고려시대 목불상
- **156** 장혜림 화백
- **163** 말 데이빗 장 43.5 x 35 oil on canvas 2005
- **166** 초상화 23.5 x 30 oil on canvas 1700년대 명화
- **172** 쇠철관 조선시대
- **175** 고려청자 차 주전자 고려시대 15c 주구 9 높이 16 몸통둘레 53
- **179** 진사 봉황 백자 차 주전자 조선중기 주구 4 높이 12 몸통둘레 43
- **181** 갤러리아 친환경 녹차
- **189** 사냥개 F.밀홈 51 x 65 oil on canvas 1800년대작
- **197** 박병준 화백 초기작품
- **201** 19세기 명화
- **205** 백마, 양, 소녀 F.N. 52 x 43.5 oil on canvas 1780
- **206** 진사 음각문 철화 청자 단지 근대작 작가 김영수 주구 23.5 높이 28 몸통둘레 99
- **209** 조선왕실 봉황문 백동장식 3층장

213 박쥐문 음각 군청백자 호리병   조선중기 주구 1.5 높이 14 몸통둘레 27
215 여인과 배 작자미상 41 x 10   oil on canvas   1900년대작
217 금불화 60.5 x 116   조선중기
219 국화문 음각 군청백자 주병 조선중기 주구 3 높이 12 몸통둘레 34

도와줌 살자
삶과 예술
데이빗장 이야기

초판1쇄 찍은날 2012년 5월 1일
초판2쇄 수정보완 2020년 8월 1일
지 은 이 데이빗 장
편 집 장 장은배
펴 낸 이 배병호
편집진행 배인섭
등   록 제22-999호
펴 낸 곳 도서출판 신원
　　　　서울시 중구 동호로 8길 13 유현빌딩 4F
　　　　전화(02)2231-2882   팩스(02)2231-2883
　　　　홈페이지 http://www.artnc21.com/

값 14,000원

이 책의 내용을 무단으로 복제 또는 전재할 수 없습니다.
잘못 만들어진 책은 언제든지 교환해 드립니다.

ISBN : 978-89-87884-94-3